"十二五"国家重点图书出版规划项目

社会系列

鹤岗史话

A Brief History of Hegang

张雨浦　主编

社会科学文献出版社
SOCIAL SCIENCES ACADEMIC PRESS (CHINA)

总　序

　　中国是一个有着悠久文化历史的古老国度，从传说中的三皇五帝到中华人民共和国的建立，生活在这片土地上的人们从来都没有停止过探寻、创造的脚步。长沙马王堆出土的轻若烟雾、薄如蝉翼的素纱衣向世人昭示着古人在丝绸纺织、制作方面所达到的高度；敦煌莫高窟近五百个洞窟中的两千多尊彩塑雕像和大量的彩绘壁画又向世人显示了古人在雕塑和绘画方面所取得的成绩；还有青铜器、唐三彩、园林建筑、宫殿建筑，以及书法、诗歌、茶道、中医等物质与非物质文化遗产，它们无不向世人展示了中华五千年文化的灿烂与辉煌，展示了中国这一古老国度的魅力与绚烂。这是一份宝贵的遗产，值得我们每一位炎黄子孙珍视。

　　历史不会永远眷顾任何一个民族或一个国家，当世界进入近代之时，曾经一千多年雄踞世界发展高峰的古老中国，从巅峰跌落。1840 年鸦片战争的炮声打破了清帝国"天朝上国"的迷梦,从此中国沦为被列强宰割的羔羊。一个个不平等条约的签订,不仅使中国大量的白银外流,更使中国的领土一步步被列强侵占,国库亏空,民不聊生。东方古国曾经拥有的辉煌,也随着西方列强坚船利炮的轰击而烟消云散,中国一步步堕入了半殖民地的深渊。不甘屈服的中国人民也由此开始了救国救民、富国图强的抗争之路。从洋务运动到维新变法,从太平天国到辛亥革命,从五四运动到中国共产党领导的新民主主义革命,中国人民屡败屡战,终于认识到了"只有社会主义才能救中国,只有社会主义才能发展中国"这一道理。中国共产党领导中国人民推倒三座大山,建立了新中国,从此饱受屈辱与蹂躏的中国人民站起来了。古老的中国焕发出新的生机与活力,摆脱了任人宰割与欺侮的历史,屹立于世界民族之林。每一位中华儿女应当了解中华民族数千年的文明史,也应当牢记鸦片战争以来一百多年民族屈辱的历史。

当我们步入全球化大潮的21世纪,信息技术革命迅猛发展,地区之间的交流壁垒被互联网之类的新兴交流工具所打破,世界的多元性展示在世人面前。世界上任何一个区域都不可避免地存在着两种以上文化的交汇与碰撞,但不可否认的是,近些年来,随着市场经济的大潮,西方文化扑面而来,有些人唯西方为时尚,把民族的传统丢在一边。大批年轻人甚至比西方人还热衷于圣诞节、情人节与洋快餐，对我国各民族的重大节日以及中国历史的基本知识却茫然无知，这是中华民族实现复兴大业中的重大忧患。

中国之所以为中国，中华民族之所以历数千年而不分离，根基就在于五千年来一脉相传的中华文明。如果丢弃了千百年来一脉相承的文化，任凭外来文化随意浸染，很难设想13亿中国人到哪里去寻找民族向心力和凝聚力。在推进社会主义现代化、实现民族复兴的伟大事业中，大力弘扬优秀的中华民族文化和民族精神，弘扬中华文化的爱国主义传统和民族自尊意识，在建设中国特色社会主义的进程中，构建具有中国特色的文化价值体系，光大中华民族的优秀传统文化是一件任重而道远的事业。

当前，我国进入了经济体制深刻变革、社会结构深刻变动、利益格局深刻调整、思想观念深刻变化的新的历史时期。面对新的历史任务和来自各方的新挑战，全党和全国人民都需要学习和把握社会主义核心价值体系，进一步形成全社会共同的理想信念和道德规范，打牢全党全国各族人民团结奋斗的思想道德基础，形成全民族奋发向上的精神力量，这是我们建设社会主义和谐社会的思想保证。中国社会科学院作为国家社会科学研究的机构，有责任为此作出贡献。我们在编写出版《中华文明史话》与《百年中国史话》的基础上，组织院内外各研究领域的专家，融合近年来的最新研究，编辑出版大型历史知识系列丛书——《中国史话》，其目的就在于为广大人民群众尤其是青少年提供一套较为完整、准确地介绍中国历史和传统文化的普及类系列丛书，从而使生活在信息时代的人们尤其是青少年能够了解自己祖先的历史，在东西南北文化的交流中由知己到知彼，善于取人之长补己之短，在中国与世界各国愈来愈深的文化交融中，保持自己的本色与特色，将中华民族自强不息、厚德载物的精神永远发扬下去。

《中国史话》系列丛书首批计200种，每种10万字左右，主要从政治、经济、文化、军事、哲学、艺术、科技、饮食、服饰、交通、建筑等各个方面介绍了从古至今数千年来中华文明发展和变迁的历史。这些历史不仅展现了中华五千年文化的辉煌，展现了先民的智慧与创造精神，而且展现了中国人民的不屈与抗争精神。我们衷心地希望这套普及历史知识的丛书对广大人民群众进一步了解中华民族的优秀文化传统，增强民族自尊心和自豪感发挥应有的作用，鼓舞广大人民群众特别是新一代的劳动者和建设者在建设中国特色社会主义的道路上不断阔步前进，为我们祖国美好的未来贡献更大的力量。

陈奎元

2011 年 4 月

出版说明

　　自古至今，始终坚持不懈地从漫长的文明进程中不断总结历史经验教训，从中汲取有益营养，从而培植广阔的历史视野，并具有浓厚的历史意识，这是我们中国文化独有的鲜明特征，中华民族亦因此而以悠久的"重史"传统著称于世。在整个人类文明史上独一无二、系统完备的"二十四史"即证明了这一点。

　　中华人民共和国成立后，历史知识普及工作被放到十分重要的位置。20世纪五六十年代，著名历史学家吴晗主持编写的《中国历史小丛书》，90年代中国社会科学院院长胡绳组织编写的《中华文明史话》和《百年中国史话》，成为"大家小书"的典范，而后两套历史知识普及丛书正是《中国史话》之缘起。

　　2010年年初，为切实贯彻中央关于"做好历史知识普及工作"的指示精神，同时也为了更好地弘扬中国传统文化，我们对《中华文明史话》和《百年中国史话》

两套丛书的内容进行了修订和增补，重新设计框架，以
"中国史话"为丛书名出版。第十一届全国政协副主
席、时任中国社会科学院院长陈奎元亲任《中国史话》
一期编委会主任，时任中国社会科学院副院长武寅任编
委会副主任。正是有了各级领导的关心支持和诸多学术
名家的积极参与，《中国史话》一期 200 种图书得以顺
利出版，并广受好评。

《中国史话》丛书的诞生，为历史知识普及传播途
径的发展成熟，提供了一种卓具新意的形式。这种形式
具有以通俗表述、适中篇幅和专题形式展现可靠历史知
识的特征。通俗、可靠、适中、专题，是史话作品缺一
不可的要素，也是区别于其他所有研究专著、稗官野
史、小说演义类历史读物的独有特征。

囿于当时条件，《中国史话》一期的出版形式不尽
如人意，其内容更有可以拓展的广阔空间，为此 2013 年
4 月我们启动了《中国史话》二期出版工作。《中国史
话》二期分为经济、政治、文化、社会和生态五大系
列，拟对中国各区域、各行业、各民族等的发展历史予
以全方位介绍。我们并将在适当时机，启动《世界史
话》的出版工作。史话总规模将达数千种。

我们愿携手海内外专家学者，将《中国史话》《世
界史话》打造成以现代意识展现全部人类历史和人类文
明，集学术性、知识性、趣味性于一体的"万有文

库"；并将承载如此丰厚内容的史话体写作与出版努力锻造成新时期独具特色的出版形态。

希望史话丛书能在形塑民族历史记忆、汲取人类文明精华、培育现代国民方面有所贡献，并为广大读者所喜爱。

史话编辑部
2014 年 6 月

目录
Contents

序·鹤岗赋 ··· 1

一 市情概览 ··· 1
  1. 地理位置与行政区划 ······················· 1
  2. 地形地貌 ·· 1
  3. 自然资源 ·· 2
  4. 民族和人口 ····································· 4

二 名称由来及历史沿革 ································ 6
  1. 名称由来 ·· 6
  2. 历史沿革 ·· 8

三 史海钩沉 ·· 11
  1. 肃慎的楛矢石砮 ······························ 11

2. 雄风猎猎的古战事 ……………………… 12

3. 古文化遗存 ……………………………… 15

4. 明代在鹤岗设立的卫 …………………… 19

5. 观都金潮 ………………………………… 20

6. 兴东兵备道 ……………………………… 21

7. 百年老矿——鹤岗矿务局 ……………… 22

8. 政通人和碑 ……………………………… 25

9. 鹤岗第一个党组织 ……………………… 27

10. 爱国石 …………………………………… 28

11. 抗日烽火遍鹤岗 ………………………… 29

12. 赵尚志将军殉难鹤岗 …………………… 35

13. 日伪罪证 ………………………………… 39

14. 鹤岗军事要塞 …………………………… 41

15. 苏联红军进军鹤岗 ……………………… 43

16. 兴山手枪队 ……………………………… 44

17. 解放战争的坚强大后方 ………………… 46

18. 苏联援建三大重点项目 ………………… 51

19. 采煤工出身的共和国煤炭工业部部长 ……… 53

20. 隐姓埋名40年的"孤胆英雄"张国福 ……… 55

21. 开发北大荒 ……………………………… 57

四 地方文化 …………………………………… 61

1. 渊源厚重的古代文化 …………………… 61

2. 震惊世界的同仁文化 …………………… 65

3. 感天动地的抗联文化 …………………… 67

4. 生机勃发的解放区文化 ………………… 68

5. 激情燃烧的垦荒文化 …………………………… 69

6. 成就辉煌的矿山文化 …………………………… 70

7. 异彩纷呈的民间文学 …………………………… 71

8. 灿若繁星的文艺明星 …………………………… 71

9. 民间技艺 ……………………………………… 77

10. 北方特色民俗 ………………………………… 80

五 自然和人文景观 ……………………………… 83

1. 自然景观 ……………………………………… 83

2. 人文景观 ……………………………………… 92

六 现代风貌 ……………………………………… 101

1. 城市转型 ……………………………………… 101

2. 城市建设 ……………………………………… 108

3. 民生普惠 ……………………………………… 113

4. 开放发展 ……………………………………… 116

参考文献 ………………………………………… 119

序·鹤岗赋

天生碧水，地造青峰。因鹤立高岗而名，藉龙隐大江而灵，缘煤出宝地而建，凭民开荒原而兴。

鹤岗乃天赋生态之城，资源富集之地，煤墨产业之都，绿色食品之乡，对俄开放之市，人文融汇之域。

大观其貌，山环水绕。一万五千平方公里幅员，"六山一水一草二田"构成。西屏逶迤兴安岭，峰峦叠翠；北倚壮阔黑龙江，峡谷连绵；南依秀美松花江，流波荡漾；中抱神奇三江平原，沃野广袤。斯地气势，若伏龙欲飞，风起将纵横四海；犹栖鹤将鸣，云涌必啸唳九天。

临赏其景，画意诗境。春归风熏草长，雁飞莺歌；夏至花嫣树袅，昼爽夜凉；秋收地丰山盈，果硕实香；冬临冰凝雪漫，天寒室暖。市内七山装点，城中五湖镶嵌，界江三峡领秀龙江。国家地质公园体验煤城，国家森林公园媲美林都，黄金古镇再现掘金往事，旅游名镇展示俄犹风情。更有空气清新如天然氧库，日照充足似阳光浴场。斯地形胜，尽显北国"八大"风光，不负"全国水生态文明城市""中国最佳山水旅游胜地"。

概数其产，物博品优。八百万亩黑土良田，稻菽米谷盛产；千万亩森林覆盖，松柏参蘑繁生；百万亩草原辽阔，牛羊鹅鸭肥硕；百万亩湿地润泽，鹤鹳雁凫游翔；百余条江河竞流，鳇鲑花罗鲜美；三十种矿产富藏，黄金采掘涌"观都金潮"，煤炭优质列龙江之先，石墨厚储居亚洲之首。斯地丰饶，珍稀资源并蓄，荣膺"中国石墨产业之都""中国稻米加工强市""中国淡水养鱼基地"。

纵阅其史，源远流长。五千载薪火相传，四千年文明延续。汉魏同仁遗存、辽金女真城址、明清东胜墓群，诸馆鉴史铭志，流域文化多元。蕴聚入主中原之王气，传承开拓边疆之民风。二十世纪肇兴，零六首招耕民，一四始现煤田；四五建市兴山，四九易名鹤岗，两县六区三局继成。百年风云际会，演绎英雄故事。革命烽火燎原，支部创建梧桐；东北抗联驱倭，尚志牺牲鹤北；兴山土改运动，闻天平定风波。中国医大自延安迁入，东北影厂乃长影摇篮，新一竖井系中苏共建，"三大基地"并称共和第一。军工军煤解放立功，润之宴请劳模，恩来嘉奖鹤矿，少奇慰问矿工。首批青年拓荒萝北，耀邦授旗；转业官兵屯垦宝泉，王震挥师；知识青年上山下乡，"共青文化"扬名。斯地成就，"三金"奉献全国，"一鹤"直上晴空。

近展其略，继往开来。八大城市定位确立，五位一体转型启动，"南兴、北开、东治、西拓、中升"蓝图绘就，"坚守、融合、实干、创新、超越"精神弘扬。斯地崛起,赖今人克时艰力举中兴,冀来者怀远志共襄伟业。唯此,方能富我鹤岗、强我鹤岗、美我鹤岗!

谨祈百万人民安康幸福!

张雨浦

二〇一四年八月

一 市情概览

1 地理位置与行政区划

鹤岗市位于黑龙江省东北部，北隔黑龙江与俄罗斯相望，东、南临松花江与佳木斯接壤，西与小兴安岭山脉为邻，处于黑龙江、松花江和小兴安岭"两江一岭"围成的"金三角"，是三江平原北部的一个重要经济区域。总面积 14648 平方公里，其中市区面积 4551 平方公里。

鹤岗市下辖绥滨、萝北两个边境县和东山、兴安、向阳、工农、南山、兴山六个行政区，城镇化率达 83%。域内有黑龙江省龙煤集团鹤岗分子公司、省农垦总局宝泉岭分局、省森工总局鹤北林业局、华能鹤岗有限公司和中海油华鹤煤化股份有限公司等中直、省直企业。

2 地形地貌

鹤岗市地处小兴安岭向三江平原过渡地段，地势西北高东南低，地貌呈"六山一水一草二分田"分布：西北部山区主要有小白山（海拔 1022 米）、解放山（海拔 964 米）、北影山（海拔 897 米）、摩天岭（海拔 846 米）、金顶山（海拔 840 米）等山峰，域内有黑龙江、松花江两江和清源湖、鹤立湖等"五湖"以及梧桐河、鹤立河等 112 条大小河流，水域面积 10.95 万公顷，各类草地面积 10 万公顷；东南部是黑龙江、松花江两江交汇处的三江平原，其中绥滨县全境无山无丘陵，是全国唯一的"无石县"。

3 自然资源

地形地貌的多样性，造就了鹤岗珍优资源并蓄、北国风光兼容的特质。

矿产资源

鹤岗拥有煤、煤层气、石墨、铀、岩金、砂金、陶粒黏土岩等各类矿产资源 30 余种，已探明 24 种。煤炭、石墨、水泥用大理岩为优势矿产。拥有储量 6.3 亿吨的亚洲第一石墨矿，石墨储量、矿石开采和精粉产量均居全国首位，2013 年被中国非金属协会认证为全国唯一的"中国石墨之都"。

野生动植物资源

鹤岗素有"动物天堂"和"植物王国"之美誉。20 世纪五六十年代还有"棒打獐子瓢舀鱼，野鸡落到饭锅里"的情景，虽经过多年开发建设，但山野间熊、鹿、獐、狍、鸟等野生动物仍随处可见，猴头、木耳、蘑菇、野菜、野果随手可拾，人参、五味子、刺五加等 80 多种中草药遍布林区。

渔业资源

鹤岗江河盛产上百种鱼类，其中，黑龙江水产极为丰富，是鱼中精品"三花五罗"（鳌花、鳊花、鲫花，雅罗、哲罗、法罗、铜罗、胡罗）和鲟鱼、鳇鱼、鲑鱼（大马哈鱼）的主产地之一，也是大马哈鱼洄游产卵地。

湿地资源

境内有都鲁（嘟噜）河、绥滨两江等 4.3 万公顷泡沼相连的大湿地，其中都鲁河湿地面积约 2 万公顷，是我国北方三大水禽栖息地之一和候鸟迁徙坐标区，丹顶鹤、白鹤、江鸥等上百种水鸟在此繁衍生息，是北方生态观鸟的一个好去处。

森林资源

境内有鹤岗、联营、龙江三峡 3 个国家森林公园，城区森林覆盖率达 44.5%，高于全国平均水平 24%。夏季森林中每立方厘米的空气负氧离子含量 4 万个，超过世界卫生组织标准的 40 倍。

气候资源

鹤岗属寒温带大陆性季风气候，气候适宜，四季分明，冬季长达 120 天。夏季平均气温为 19.6℃，冬季平均气温为 -15.9℃，年平均相对湿度为 70%，年积温 2600℃左右，是夏季避暑和冰雪旅游的胜地。

水资源

鹤岗地表水和地下水资源十分丰富，境内有两江、五湖、百余条河流，年均径流量 30.50 亿立方米，可利用水资源总量为 26.75 亿立方米，有"三江水都"之称。建有鹤兴、金顶山等 12 座水库和江萝、德龙、福兴、敖来、新华等灌区。

土地资源

境内土地总面积 14663 平方公里，土壤种类共分为 7 大类，黑土壤及暗棕壤为农业及林业生产的主要土壤。现有耕地 55.1 万公顷，主要集中在两江交汇的冲积平原，是黑龙江省重要的商品粮生产基地之一。

4 民族和人口

鹤岗地区历代为肃慎、挹娄、勿吉、靺鞨、女真、满族先民生存与繁衍的地方，清王朝建立后成为"封禁"之地。清末的土地开发和 1918 年煤田开发后，外地人口相继迁入，其中汉族占多数，1954 年人口普查时，鹤岗只有蒙、回、苗、壮、朝鲜、满、锡伯 7 个少数民族。2010 年鹤岗民族大家庭里已经有了汉、满、朝鲜、回、蒙等 31 个成员。

光绪三十一年（1905）前，鹤岗地区村屯稀落（多为驿站），且有少数鄂伦春人在深山中散居，从事狩猎活动。光绪三十二年（1906）至宣统三年（1911），清政府实施"开禁"政策，鹤岗南郊（新华地区）大量开荒，屯落渐多。民国 5 年（1916），外地迁至鹤岗垦荒的农户共建起夏家窝堡（东安村）、永华屯（新华村）、永芳屯（永芳村）等 30 余个村屯。民国 7 年（1918）兴华煤矿公司开发鹤岗煤田时，矿山共有采矿人员 50 人左右。到民国 18 年（1929），仅矿山工人即已增至 2 万人。1932 年日本侵略者武装占领鹤岗煤矿，矿山工人锐减至 1000 余人。1937 年日本侵略者采用欺骗手段从山东、河北等地"招募"大批工人，到 1939 年矿山人口增至 19103 人。1941 年太平洋战争爆发，日本侵略者用煤量激增，但矿山劳动力严重不足，为此，日本侵略者采用强制手段从农村征集劳工遣送鹤岗，使矿山人口最多时达到 5 万人。1945 年 12 月兴山市政府成立时，全市人口不足 4 万人。中华人民共和国成立后，鹤岗市人口逐年增加，1951 年 9 月鹤岗人口总数为 52475 人。2010 年第六次人口普查统计，鹤岗总人口为 1058665 人。

二 名称由来及历史沿革

1 名称由来

"鹤岗"名称的由来

鹤岗市原称"鹤立岗",传说古时候此地发大洪水,百姓逃难到高岗之上,却有无数毒蛇危害他们的生命,这时一群仙鹤飞来,驱散了毒蛇。百姓感恩,遂取"鹤立高岗"之意,名此地为"鹤立岗"。光绪三十四年(1908)六月十日,徐世昌、周树模奏请朝廷,请裁瑷珲、摩尔根、呼伦贝尔副都统,增置瑷珲、呼伦贝尔两道,增设萝北等各直隶厅;增置鹤岗等五县。经政务处审阅,八月五日获清廷批准。后来鹤岗县未建成,但这是"鹤岗"之名的最早出现。1914年,鹤立岗猎户曹凤阳发现煤苗,1918年商人沈松年成立兴华煤矿公司,在石头河西岸(今鹤岗市区)开矿采煤,始称兴华矿山,简称兴山。1920年,兴华煤矿公司易名鹤岗煤矿公司,张学良夫人于凤至曾任公司董事，兴山又被称为鹤立岗矿山。1929 年建兴山镇。东北沦陷时期，先后称矿山保、兴山街、鹤岗街。抗战胜利后，在中国共产党领导下，1945 年 12 月 1 日成立鹤岗矿务局，12 月 20 日建立兴山市民主政府。1949 年 11 月 24 日，经东北人民政府批准，改兴山市为鹤岗市，从此，市、矿名称统一。

"萝北"名称的由来

兴东兵备道建立之后，光绪三十四年（1908）要在兴东设一个直隶厅，为避免道、厅同名，故以其地处托萝山之北而命名为萝北直隶厅，这就是今天萝北一名的由来。1912 年 7 月，民国政府因财政困难，裁兴东道改设萝北厅设治局。1913 年 1 月，黑龙江省都督府遵袁世凯"教令"，将各府厅州名称一律改为县，随之萝北县成立。托萝系满语桃的译音，托萝山指今都鲁河上游以东、鸭蛋河以北、十里河以南的群山。

"绥滨"名称的由来

清光绪二十四年（1898），汉人高德才兄弟四人带领全家从呼兰来到今绥东镇南临江村西处定居，此地后来被称为高家屯。光绪三十年（1904），清政府实行全部解禁，特别是宣统二年（1910），奥里米地方开始放荒后，内地各族人民大批迁入，开始住高家屯，后来者多数住在今绥东一带，绥东一带渐渐繁荣起来，并有绥东城之称。1916 年，民国政府设立县佐时，改名为萝北县绥东城县佐，从此"绥东"作为地名开始使用。"绥东"为"绥抚东方"的意思。1917 年，成立绥东设治局。1920 年，在绥东的松花江岸停船地方设码头"绥滨埠"。1927 年，在敖来村东 1 公里处建城，将治所迁往新城。

1929 年 1 月 9 日，黑龙江省长公署令改绥东设治局为绥东县，但因"绥东"二字与热河的绥东县重复，同月 23 日又改称为绥滨县。绥滨县名就此正式产生，并沿用至今。"绥"为安抚的意思，"滨"是水边的意思，绥滨县即为安抚濒江之县。

2 历史沿革

清代以前鹤岗隶属沿革

鹤岗地区自古以来就是中华民族先民劳动、生息、繁衍的地方。

夏商周时期黑龙江东部地区居住的是肃慎民族，鹤岗地区属肃慎区域。史料记载，公元前 2249 年肃慎先民派使者向华夏部落大联盟首领帝舜进献弓矢。公元前 1711 ~ 前 1698 年，肃慎先民使者向商汤进献弓矢，确立了与商王朝的从属关系。周代，肃慎多次派使者向周武王、周康王、周景王等贡楛矢石砮，进一步确立政治上的隶属关系，列入周王朝的版图。

西汉后期至西晋时期，肃慎后裔诸部被称作"挹娄"。绥滨蜿蜒河遗址被专家认为是挹娄人的文化遗址。鹤岗地区属扶余建立的高句丽政权管辖。公元 220 年，挹娄摆脱扶余的役属，派使者向晋朝廷贡楛矢石砮，建立从属关系。

南北朝时期"挹娄"族名逐渐被"勿吉"取代。勿吉多次向后赵、前秦、北魏、北齐等进贡楛矢石砮等方物。

隋唐时期勿吉改称"靺鞨"。隋文帝开皇元年（581），靺鞨酋长首次朝拜隋文帝，确立了政治上的从属关系。居住在黑水（黑龙江）边的称黑水靺鞨，又称黑水部。公元742年，唐朝设置黑水都督府管辖。公元820年，从属于唐朝的东北地方民族政权渤海国扩大自治范围，鹤岗地区属渤海国怀远府管辖，府址达州（今同江）。

辽金时代靺鞨人的族称被女真所取代。以绥滨为中心形成一个女真的五国部之一的奥里米部，成为鹤岗地区最大的政治经济文化中心，属辽代东京道，设节度使统辖。鹤岗和萝北属乌隈于厥部。金代属上京路之胡里改路。

元代属辽阳行省管辖。

明朝于永乐七年（1409）在黑龙江入海口的奴尔干城（今俄罗斯境内尼古拉耶夫斯克）建立奴尔干都指挥使司（简称奴尔干都司），是明廷设在地方行省级的军政机构，在鹤岗地区先后设立了五屯河卫、脱伦卫、吉滩河卫三个卫，均直属于奴尔干都司统辖。

清代，鹤岗地区曾归宁古塔将军、吉林将军、黑龙江将军所属呼兰副都统管辖。光绪三十一年（1905）汤原县成立，鹤岗归汤原县管辖。同年，将驻绥化的绥兰海道府衙门移至萝北兴东，更名兴东兵备道，萝北归兴东兵备道萝北直隶厅管辖。宣统元年（1909），原吉林省依兰府代管之汤原县划归黑龙江省兴东兵备道管辖。宣统二年（1910），在绥东设巡检署，归萝北管辖。

中华民国时期鹤岗隶属沿革

1911年"辛亥革命"成功，推翻了帝制。1912年裁兴东道，汤原县归黑龙江省绥兰道管辖。1929年，东北政务委员会成立,废除道制,汤原县直属黑龙江省,鹤岗仍属汤原县。同年,鹤岗煤矿公司在莲江口设驻矿事务所管理矿山,建兴山镇,由驻矿事务所总务部设街基管理员管理兴山镇街政事务。

1934年,日伪实行"保甲制",将兴山镇改为汤原县矿山保。1938年,日伪实行"街村制",将兴山镇(矿山保)改置兴山街,设街公所。1939年6月,日伪将汤原县东部和萝北县西部析出设立鹤立县,兴山街归鹤立县管辖。1941年5月改为"指定街",设街公所。1944年1月,伪三江省将兴山街改为鹤岗街。

1945年12月20日成立兴山市民主政府,隶属鹤立县。1946年4月隶属合江省政府。1946年10月改属鹤立县。1947年2月隶属合江省第四专员公署。1948年10月隶属合江省政府。

1949年5月合江省建置撤销并入松江省,兴山市属松江省。兴山市政府改称兴山市人民政府。

中华人民共和国成立后鹤岗隶属沿革

1949年10月1日中华人民共和国成立后,经东北人民政府批准,于1949年11月24日将兴山市改称鹤岗市,属松江省。1954年8月,松江省建置撤销,与黑龙江省合并,鹤岗市直属黑龙江省。1958年,鹤岗市为合江专员公署管辖。1966年2月,鹤岗市由黑龙江省直辖。1987年11月6日,国务院批准将佳木斯市所属的萝北、绥滨两县划归鹤岗市管辖。

三 史海钩沉

1 肃慎的楛矢石砮

肃慎是黑龙江流域最古老的民族，鹤岗处于古肃慎国的中心区域。《史记·孔子世家》记载，春秋时期的大思想家、大教育家孔子领着弟子周游列国来到陈国。有一天，一群隼飞过陈国宫廷上空时，有一只隼带着箭落到院子里。陈惠公十分惊愕，从来没见过这么锋利的箭头，于是就派人去问孔子。孔子审视了一下说："这箭叫楛矢石砮，为北方大荒之国的肃慎所造。先前武王灭商，建立了周朝，势力扩大到东北少数民族，并命令他们以本地的名优特产品朝贡，以表达臣服周王朝之意。于是肃慎就送来了楛矢石砮。周武王为了宣扬征服四方的丰功伟绩，就把楛矢石砮分给了长女大姬。大姬嫁给虞胡公，周武王把陈国封给了女婿虞胡公。楛矢石砮就这样作为嫁妆来到了陈国。你们不信回去到库房好好找一找，可能还有这样的贡品。"来人回去禀报，陈惠公就派人到库房里找，果然找到了尘封数百年与这一样的楛矢石砮。

肃慎的楛矢石砮已作为一种文化的标志和载体载入史册，《尚书·序》《逸周书》《左传》《国语》《山海经》《史记》《淮南子》都有记载。楛矢是箭杆，楛是荆类植物，就是老百姓所说的苕条，开紫红色小花，秆坚硬且直，楛矢长一尺八寸。石砮是石制的箭头，是一种木化石，也叫"矽化木"，多产自混同江（黑龙江），坚甚于铁，锋利无比。古老的肃慎民族就地取材，制造出了楛矢石砮，是当时一项了不起的重大发明。肃慎在近千年的历史发展过程中多次向中原王朝进贡楛矢石砮，始终保持着与中原的朝贡关系。

2 雄风猎猎的古战事

鹰路之战

北宋时期，辽王朝派官员到女真人五国部索取海东青的往来道路叫作鹰路，即途经现在的绥滨、萝北、桦川、汤原、依兰、通河，再横穿吉林省西部，到达辽军事重镇黄龙府（今吉林农安）再到辽上京临潢（今内蒙古巴林左旗南）。这既是一条辽王朝的灭亡之路，又是女真人的崛起之路。海东青也叫海青，是雕的一种，最俊者谓之海青，善捕水禽、小兽，产于辽代的五国部地区。鹤岗萝北地区多产此鹰。辽廷从皇帝到贵族最喜狩猎，而海东青是当时最好的猎鹰，因此骄奢淫逸的辽统治者年年向女真强行索取海东青。特别是辽代晚期，天祚帝耶律延禧每年都要派遣使者到五国部索鹰，且"每至其国，必欲荐枕者。其国内轮中下户作止宿处，以未出室女侍之，后使者络绎，恃大国命，惟择美好妇人，不问其有夫及阀阅者"。辽统治者肆无忌惮的暴行，引起女真人的仇视和反抗，所以经常在鹰路上设埋伏、挖陷阱，设置绊马索，杀死索鹰官员。只要鹰路被阻断，辽廷即派军队讨伐。完颜盈歌接任生女真部节度使后，每逢鹰路被阻，辽廷必派盈歌去开通。盈歌是一个非常有政治头脑的首领，他借打通鹰路之名一面取得辽朝廷在人力、物力上的支持，一面征服女真其他部落，使完颜部逐渐强大起来，暗中实现了女真各部的初步统一。

阿骨打追杀温都跋忒

完颜阿骨打（1068～1123），按出虎水（今黑龙江哈尔滨东南阿什河）女真完颜部人，后改汉名旻，完颜氏，金朝的建立者，史称金太祖。11世纪初，生女真完颜部已成为一个强大的部落，并逐渐联合周围女真诸部组成部落联盟。阿骨打的祖父景祖乌古廼任联盟长时，接受了辽国加给的"节度使"称号。阿骨打之父劾里钵、叔父颇剌淑及盈歌继任"节度使"后，东征西讨，女真部落联盟日渐巩固和强大。辽道宗寿昌二年（1096），分布在倗雅河（今巴彦五岳河）流域的女真唐括部与分布在末流水（今完达山拉林河）流域的女真温都部争斗交恶。唐括部首领跋葛勃堇到温都部进行交涉，结果被温都部首领跋忒杀死。"节度使"盈歌（金穆宗，阿骨打叔父）命阿骨打率部讨伐跋忒。跋忒抵御不过率部逃亡，阿骨打一路追击，从拉林河追至土温水（今汤旺河），过末邻乡（今伊春金

山屯一带），越合挞山（今青黑山），在阿斯温山（梧桐河和
都鲁河源头山脉）与北渌（萝北莲花泡一带）之间的星显水
将跋忒歼灭，阿骨打也从此凭借赫赫战功成为联盟领导集团中
掌有军事实力的重要一员。

斡鲁大败实里古达

金天辅四年（1120）九月，金国将领酬斡、仆忽德前往
鳖古河一带登记兵马，以备军用。浊偎水部酋长实里古达等七
人杀死酬斡、仆忽德，将其尸体投入水中，公然背叛金廷。十
月戊寅，金太祖阿骨打命将领斡鲁讨伐实里古达。天辅五年
（1121）正月，斡鲁率兵至石里罕河，实里古达闻讯逃遁，追
至合挞剌山（今鹤岗市萝北县境内），诛其首恶四人，扶定其
众，以其众三百户为一谋克（金军政合一的社会基层组织编
制单位及其主官名称），由众所推服者领之。太祖诏斡鲁找到
酬斡、仆忽德的遗体加以厚葬，赠酬斡为奉国上将军、仆忽德
为昭义大将军。

征讨萨哈连部

明万历四十四年（即天命元年，1616）农历七月，清太
祖努尔哈赤命义子、侍卫扈尔汉和安费扬古率 2000 人讨伐萨
哈连部。《清史稿》卷三十七《安费扬古传》和《扈尔汉传》
中对此战役均有明确记载。《满文老档》中详细记述了作战经
过。努尔哈赤于农历七月初一发布命令，从每一牛录中挑选出
6 匹强壮的马匹，集 1000 匹战马，在四野放牧养肥。农历七
月初九又命令，从每牛录中选派 3 人组成 600 人的队伍，奔赴
兀尔简河上游（清初称乌喇简河、富尔简河。《康熙皇舆全览

图》称富尔见河，清乾隆四十一年农历六月绘制的《盛京吉林黑龙江等处标注战迹图》中称富勒坚河，即今鹤岗阿凌达河）密林中，建造独木船 200 艘。农历七月十九日，扈尔汉、安费扬古诸将奉命率兵 2000 人，前往兀尔简河。路行 8 日，到达造船地点。兵马到此休息两天，然后伐木造独木舟。农历七月三十日，扈尔汉、安费扬古领兵 1400 人，乘独木船 200 艘，沿兀尔简河南下入松花江，水陆并进，征战沿河南北。600 名骑兵在陆地进击敌部。水陆两军激战 18 天，于农历八月十六日胜利会师。会师后又日夜兼程 2 天，于农历八月十九日，到达佛多罗衮寨（今富锦县城东）驻营。在 18 天的激战中，攻克了松花江以北、梧桐河下游茂克春大人统领的 16 屯寨和松花江以南博济里大人盘踞的 11 个屯寨，同时又征服了萨哈连江（今黑龙江）南岸的 9 个屯寨，共 36 个屯寨。努尔哈赤大军驻扎在佛多罗衮寨，在黑龙江结冰后又渡江继续征讨黑龙江以北的萨哈连部，攻取了 11 寨，降服使犬、诺洛、石拉忻三路，统一了这一带女真各部。

3　古文化遗存

从 20 世纪 70 年代起，鹤岗地区先后发现了新石器时代、汉魏、隋唐、辽金、元、明、清时期的古文化遗存，出土了一大批珍贵文物。

北山古城

古城位于绥滨县北山乡繁荣村东南 2.5 公里处的山包之

上。古城东北高、西南低，平面呈椭圆形，共有四道城墙，三道护城壕。墙为掘土堆筑。由下至上，四道墙周长依次为一道567米，二道516米，三道453米，四道352米。城墙宽约2～3米，城壕宽约2～3米，面积约为23440平方米。北城墙往南延深至城内22米处是一个平台，高于城内地表约17米，其上分布着许多大小不一的圆坑，直径约为1～1.5米，深0.2～0.4米不等。圆坑间距2～3米不等，现存24个圆坑。布局规整，排列有序，以南坡排列密集，为古人居住所用。从古城的建筑形制上看，无马面、无瓮城之设，城内局部布满居住坑，是典型的汉魏时期城址。2005年2月7日，黑龙江省政府公布为省级文物保护单位。

中兴古城

中兴古城又称鄂来木城，位于绥滨县城东北60公里黑龙江的一条江汊（俗称高力河）南岸，北距黑龙江主航道4公里，东距黑龙江、松花江汇合处约35公里。城周长1460米，近方形，城墙不直，北墙弯曲尤大，城四角也多呈钝角。南北墙各设一门，有瓮城，瓮门有偏有正。共3道城墙，其中一道主墙，两副墙。各墙外侧均有壕沟，构成3条护城河。城墙设有马面，城外西北、西南、东南还各有一周长约为200米的小方城。古城西侧有一道西南走向的外墙，现保存较完整，仅部分残断。外墙的北端与黑龙江江汊西亮沟子相接，南端与东亮沟子相连。这座古城地处黑龙江、松花江的汇合口，黑龙江江汊横亘其北，形成北边一道天然屏障，东西两条河沟佐其两翼，南边又有道外墙，3个小城在东、西、南鼎足环列，整座古城布局严密紧凑。这座古城是典型的辽、金时期的城址。1973 年，黑龙江省博物馆和鹤岗市文物站对该古城进行了考察，并对古城西北的 12 座古墓葬进行了挖掘，出土文物 300 余件，其中有一枚石制契丹文印章，此外还在古城附近征集到一枚契丹文铜印。据辽史记载，从辽圣宗太平五年至辽的亡国之君天祚帝驾崩的一百年间，辽帝共到混同江（嫩江及汇流后的松花江）游幸视察 28 次，走这条路线到黑龙江 6 次。据此，有专家推断，中兴古城是辽帝行宫。1986 年 12 月 17 日，黑龙江省人民政府公布为省级文物保护单位。

辽代主偎古城

辽主偎古城即俗称的邵家店古城，位于鹤岗北部小兴安岭东麓的老白山脚下，东梧桐河上游，东梧桐河与西南岔河分水岭的阳坡面，距市区 94 公里。日伪时期修筑的兴佛警备路（现已扩建成鹤岗至乌拉嘎公路）从城内东西穿过，长约 350 米。该古城亦称梧桐河河源古城，俗称高丽城、高丽营子，也有称东京城的。古城北高南低，城池依山势筑就，周围有两道夯筑城墙。护城河在两道城墙中间，随城墙的走向。内城墙与外城墙的高度基本相等。古城平面近似椭圆形，城墙周长为 1760 米，其城内南北长 410 米，东西宽 286 米。内城墙外现存雉堞（俗称"马面"）23 个。城墙断面厚度为 2~2.5 米，基阔 6~8 米，城墙高 3~4 米，底部为夯土层。城墙外缘距离最远为 50 米，近者 10 米，基阔均在 10 米左右。古城正南面缺口 20 米，当为此城正门，古城东南部有 26 米宽的缺口，当为此城东门。城门外有瓮城，城门和瓮城

均已破坏。城西南侧有一处泉眼，至今仍有泉水流淌，当为
此城的供水源。此城只有这两个城门，军事城防设施森严。
出土过三足祭器、铜吊锅、陶罐等。从此城的形状和出土文
物的形制、纹饰上看，此城属辽金时代遗址。专家推测，此
城是辽代主偎城。此城沿用到何朝何代，后来是否是五屯卫
之驻地，尚无考证。1986 年 12 月 17 日，黑龙江人民政府公
布为省级文物保护单位。

神秘的奥里米古城

辽代时期，生女真逐步发展壮大，在松花江和黑龙江下游
形成了五个大的政治和军事中心，号称五国部，即剖阿里国、
盆奴里国、奥里米国、越里笃国、越里吉国。辽圣宗时期归附
辽廷，属黄龙府都部署司。辽重熙六年，罢五国酋帅，设节度
使领之。奥里米国是以今绥滨县为中心的大片区域，据《辽史
拾遗》卷十八《辽境四至》记载，奥里米古城人口有 1 万余户。
奥里米古城遗址位于绥滨县北岗乡永兴村东 500 米，南距松花
江约 1.5 公里。城池近长方形，敖来河自西北向东南流经古城
南侧注入松花江。城址周长 3224 米，东西宽 1100 米。夯土版
筑，马面共 38 个。东墙中偏北有瓮城一处，护城壕深 1～2 米，
宽 10 米，遗址发掘出土了大量的精美器物。2001 年 6 月，国务
院公布为全国重点文物保护单位。1986 年春，一位农民在奥里
米古城北城墙里捡到一枚锈迹斑斑的铜印，带回家给孩子当了
玩具，后被考古爱好者发现。经研究，铜印印面是九叠阳文
"速怕昆山谋克之印"篆体字。印背右侧錾"天泰八年五月"、
左錾"礼部造"。环印之上和左下侧分别錾有汉字和女真字，其

上侧为汉字"速怕昆山谋克之印",而左侧及下侧均为女真文字。其中的"天泰"为东夏国年号,天泰八年即1222年。东夏国是东北地区的一个古国,由女真人蒲鲜万奴创立。蒲鲜万奴原是金国一个专门负责御马牧养和调训的五品官员,后因与南宋作战有功,被金廷从南线调到北线与蒙军作战,后官至辽东宣抚使,统兵40万。他乘金国日薄西山之际于1215年发动兵变,建立女真人的大真政权,自立为王,1217年改国号为东夏。蒲鲜万奴为了号召女真人跟

速怕昆山谋克之印(奥里米古城)

他一起重振雄风,把自己的姓氏由金国的俗姓"蒲鲜"改为国姓"完颜",称"完颜万奴"。1233年,蒙军出兵东夏,完颜万奴被擒,东夏国灭亡。东夏国仅存在19年,遗址、遗物不多。这枚官印被定为国家一级文物。

4 明代在鹤岗设立的卫

　　明朝为加强黑龙江流域广大地区的管理,废除元代军制,建立卫、所制度,于永乐七年(1409)在黑龙江入海口的特林奴儿干城建立了奴儿干都指挥使司(简称"奴儿干都司")。

根据各地在军事上所占有的重要性的不同和人口的多寡，分别设置卫、所。大致是 5600 人设为卫，千人设为千户所，百人设为百户所。先后建起 384 卫、24 千户所、7 城站。分别以当地部族首领任卫的指挥同知、指挥和千户、百户等官职。卫是管理地方的军政组织，相当于当今县团级机构。都司与其管辖的卫、所都受五军都督府统领，并听命于兵部。

明朝廷在鹤岗地区先后建立起四个卫：明永乐四年至十三年之间（1406～1415）设立脱伦卫，管理都鲁河流域之先民；永乐十二年（1414）设立五屯河卫，统管梧桐河、阿陵达河、鹤立河等流域各村寨；明永乐十四年（1416）设立吉滩卫，管理萝北鸭蛋河流域先民；沃里木卫，治所在今绥滨县敖来河畔，设置时间不详。

5 观都金潮

鹤岗地区是黑龙江流域五大沙金矿脉富集"金窝"之一。早在北魏时期，就有黄金开发的文字记载，辽金时代就有采金业。清同治十三年（1874），清政府就在观音山设置督办衙门，开采黄金。光绪十九年（1893），漠河金矿接办人袁大化在嘉荫河畔首创观音山金厂，是漠河金矿的分厂，负责开采嘉荫河流域的金矿，由此拉开了大规模开采金矿的序幕。光绪二十二年（1896），黑龙江将军恩泽受朝廷之命筹办都鲁河金矿，北洋大臣李鸿章委任曹廷杰督办，负责开采都鲁河流域和梧桐河流域的金矿，于是鹤岗地区又一个官督商办的大金矿——都鲁河金矿蓬勃兴起。1913 年 7 月，观音山金厂与都鲁河金矿合并，统称为观都金矿局，局址仍设在太平沟，生产规模迅速扩大，下设 10 个分局、3

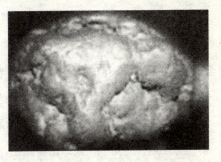

天然大金块——狗头金 **(48 两多)**

个分厂、6 个分检站、6 个护矿关卡，由都鲁河、嘉荫河、乌拉嘎河、结烈河和乌云河构成的纵横 23400 平方公里的大矿区，淘金工人达 3 万余人，年产黄金高达 2 万余两，形成了一个驰名中外、闻名遐迩的"观都金潮"。

6 兴东兵备道

1906 年清政府在萝北兴东设立了兴东兵备道。兴东兵备道全称为"黑龙江兴东分守绥兰海兵备道"。其管辖疆域包括今逊克、嘉荫、伊春、萝北、汤原、绥滨、通河等市县及孙吴、德都、绥棱等县的部分区域，约占黑龙江省面积的四分之一，且在黑龙江中段界江一线，临江防务十分重要。兴东兵备道是鹤岗地区历史上最早、地盘最大、级别最高的行政与军事权力机构，道员为最高军政长官，二品衔。

兴东兵备道首任道员是庆山。他上任当年就放荒 18.3 万垧，并派人到辽、吉两省和关内征召垦户前来垦荒，并着手修路建桥。其任内，在兴东、太平沟和延兴的黑龙江边修建了 3

处码头以便利水运，他兴建粮仓，囤积余粮，以备战时军需，并在兴东成立大型米面加工作坊以解决战时军粮加工的困难。在边境防务方面，他把垦务营列为军队编制，农忙时耕种，农闲时军训。在黑龙江沿岸每隔30里设置一个哨所，随时随地通报边防信息。1909年，三品道员徐乃霖来兴东就任。他鼓励农耕，筹建路桥，发展工商，治匪除患，加强边防。他在任3年，筹建有功升赏二品，调升黑龙江省民政使。之后，兴东兵道府由李梦庚接任道员之职，直至1921年撤销兴东兵备道止卸任。

7 百年老矿——鹤岗矿务局

1914年曹凤阳在鹤岗发现煤苗后，1917年时任鹤立岗地测委员的沈松年向省政府呈请开矿执照。次年6月和11月，黑龙江省府两次下发开矿执照，核准开矿领地为45亩，令由沈松年主办，他所经营的注册企业定名为"黑龙江省汤原县商办兴华煤矿有限公司"，煤矿事务所设在鹤立岗镇。最初招雇工人仅50余人，完全用土法手工作业生产方式。先后共开掘9个洞口，进入坑内挖煤，用人工背到地面堆放于煤场中。等到冬季地面上冻时，用畜力大轱辘车或大马爬犁走雪路或江上冰道，将煤运往佳木斯、悦来、依兰等地销售。初期的兴华煤矿公司股金仅有15万元。

1920年1月1日，兴华煤矿公司正式改为官商合办企业，并且易名为"鹤岗煤矿公司"，在哈尔滨道外景阳街设立总公司，名曰"黑龙江驻哈鹤岗煤矿总公司"，并于佳木斯设立事务所，直接管理矿山。鹤岗煤矿之名亦自此始称。矿山生产规模较之"兴华煤矿公司"时期稍有扩大，鹤岗煤矿由商办转为官商合办的新阶段。但由于股东会议议决的控股资金未能兑现，特别是官股有名无实，造成生产资金拮据，购置设备乃至修建铁路等工程均落了空，到 1923 年，官商合办的鹤岗煤矿公司生产经营已处于举步维艰的境地。

1925 年 7 月，鹤岗煤矿公司正式改制，股金由 50 万元增加到 150 万元。其中，时任黑龙江督军、代省长吴俊陞及其他军政要人共 3 万股，为矿山重新注入活力，再次开始采掘作业，并且开始铺设矿山至莲江口区间的运煤铁路。鹤岗煤矿公司从此进入合资商办的发展时期。1926 年 11 月，全长 55.6 公里的莲江口至鹤岗煤矿的运煤铁路全线竣工。鹤岗的煤炭实现了低运价大量外运销售。1927 年，鹤岗煤炭出现在哈尔滨市场上。1928 年春至 1929 年 3 月，鹤岗煤矿将掘洞开采改为露天开采。1928 年，鹤岗煤矿公司实现盈利 60 万元。1930 年，张学良又投资 60 万元，购置船舶，提高了松花江水上的运输能力。1931 年 6 月，鹤岗煤矿公司在哈尔滨召开股东大会，张学良夫人于凤至为董事之一。这时的鹤岗煤矿公司的股金已增至 300 万元，煤炭生产呈现蓬勃发达的景象。1932 年 8 月 11 日，鹤岗矿山沦陷于日寇魔掌。

1945 年 8 月 15 日日本投降后，鹤岗随即陷入无政府状态。1945 年 11 月中旬，刚刚到东北的王其清就接到佳木斯三江人民自治军司令部的命令，任命其为鹤岗矿务局局长兼矿警大队队长，到鹤岗接收矿山，并设法恢复一点生产，保证军需用煤。

12月1日，在苏军司令部的支持下，王其清召开了全矿职工大会，鹤岗矿务局正式成立，王其清成为鹤岗矿务局第一任局长，这标志着共产党民主政权接管了鹤岗矿山，鹤岗矿务局成为中国共产党建立的第一个国有大型企业。然而，事情并非一帆风顺，以大把头杜文祥、陆以周为首的敌伪残余势力跑到佳木斯苏军司令部蒙蔽苏军，策划反夺权。12月中旬的一天，佳木斯苏军司令部派3名上校到鹤岗宣布，今后矿务局的行政、生产、人事等工作都由陆以周负责，王其清只负责矿上的警卫。命令宣布完了3名苏军上校就要走。王其清当即找到苏军翻译说："我是共产党、八路军派来的，而陆是国民党蒋介石的人。苏军来到中国，到底是帮助谁的？如果苏军是来援助国民党蒋介石的，我无话可说；如果是援助共产党、八路军的，这个命令就不对了。"3名苏军上校听了以后，表情很严肃，互相商量了一阵，又宣布刚才的命令作废，今后矿务局的行政、生产、人事以及矿警大队仍由王其清负责，而陆以周只是在采煤技术上加以协助。就这样，一次夺权阴谋被挫败了。12月下旬，王其清又先后粉碎了杜文祥策划的两次刺杀，使共产党民主政权在鹤岗矿山站稳了脚跟，煤矿也很快恢复了生产。

鹤岗矿务局自1945年成立到新中国诞生，组织生产的煤炭全部用于支援解放战争，受到东北铁路总局通电嘉奖："三下江南四保临江军用煤无缺，有功焉。"

1950年，鹤岗矿区为了提高采掘生产的技术手段，尽快为百业待兴的新中国建设事业提供急需的能源，开展了轰轰烈烈的"创新纪录、技术革新"活动。一天早晨，28岁的工人李庆萱提前来到班上，办公室的门还锁着，这是一把新锁。他拿出钥匙一看，只见钥匙的前端有一个拐弯的活头，可以随意活动……啊，这不是一个最理想的掏槽钎子吗！当晚，他和高忠良两人拿着钥匙向矿务局长详细汇报了改进钎子头的想法，得到局长的鼓励和支持。经过反复7次试验后，一种称为药壶式掏槽钎子的新式钻头终于诞生了。1950年全局的掘进任务原计划9个月完成，用李庆萱发明的新办法生产不到4个月就完成了，共节约成本费147亿元（东北币）。为此，东北人民政府工业部授予李庆萱一等红旗奖，授予奖章一枚和奖金1500万元（东北币）。他被毛泽东主席邀请进京，成为蜚声全国的劳动模范。

8 政通人和碑

1925年，程汝霖由瑷珲调至萝北任县长，在任内鼓励农商兴边实业，带头种植水稻，带领边民防剿匪盗，维护边境安全，赈济灾民，为官清慎勤廉，深受商民爱戴，在其离任之际，民众立"政通人和"碑，以表程公业绩。

碑文共299字，全文如下："程公九思官印汝霖，安徽桐城县籍，民国十三年冬季，由瑷珲调来斯邑。当时萝北全境，垦户不满五百，熟地不过两千，地旷人稀，满目荒凉。自公接任后，移民贷费，课能劝商，优遇驻军，防剿盗匪。设学校以培养青年，开水田以尽地利，救灾则解囊赈济，防边则布置周详。审理案件，从无积压；地方庶政，悉取公开。数年之间，地方要政，次地举办。昔称荒凉之区，日臻富庶十八年防俄之

"政通人和"碑

役，治边各县，风鹤频惊。公力持镇静，迭电上峰，坚持固守。开地方紧急会议，愿共生死，与农商首领主张一致，卒能化险为夷，地方安谧，皆我公苦心致力所赐也。是年冬，当局论功赏勋，升调肇东。阖邑商民，如失慈母，电求保留，未蒙照准。复念公篆萝七载，清慎勤廉，始终如一。防俄一役，尤证果敢有为。商民感戴之私，罄竹难书。爰将德政，举其大端，铭诸于碑，籍志不朽云尔。"

9 鹤岗第一个党组织

1928 年春，崔庸健（又名崔秋海、崔石泉）、李春满、蔡平等人先后来到萝北县朝鲜人集居的梧桐河村，以卖零工为名，深入到农民中去，宣传革命道理，号召农民团结起来反抗公司的剥削和压迫。后来，崔庸健又以教书的公开职业作掩护，先后在梧桐河村的东屯办起了萝兴小学，在西屯办起了松东模范学校，崔庸健和李春满亲自组织教学和编写教材。他们以学校为阵地开展革命活动，白天给学生上课，晚间组织农民夜校。他们还创办了汤原地区最早的妇女同盟、反帝同盟、农民同盟等群众性革命团体，组织农民开展革命斗争。

1929 年七八月份，崔庸健、李春满、蔡平等同志根据满洲省委的指示精神，在兴山镇七号屯成立了中共汤原县委，隶属中共满洲省委领导，李春满任县委书记。党组织秘密发展了农民裴治云、金成刚（女）、徐光海等人加入中国共产党，并于 1929 年 11 月建立了中共梧桐河党支部，隶属中共汤原县委领导，崔庸健任党支部书记。这是鹤岗地区第一个党组织。不久，崔庸健、李春满等人又在松东模范学校连续办了两期军政干部培训班，每期 3 个月，共培训 170 余名革命干部，并选出一批政治上成熟的同志，陆续派往通河、萝北、汤原、富锦等地开展工作，在三江平原播下了革命的火种。

抗战胜利后，崔庸健回到朝鲜，曾先后担任朝鲜民主主义共和国民族保卫相（国防部长）、共和国次帅、最高人民会议常务委员会委员长、国家副主席等要职。

10 爱国石

在鹤岗市萝北县太平沟乡太平沟村黑龙江右岸江边滩头上，有一块不规则马鞍形的黄褐色花岗岩，长155厘米，宽155厘米，厚约70厘米，上面镌刻着"此石可烂，倭匪之仇不可忘。九一八"14个刚劲大字。镌刻此铭文的是太平沟爱国人士王明选。得知九一八事变消息后，他心里万分悲痛，夜不能寐。当晚，他手提马灯来到江滩，在最大的一块石头上用钢凿刻下这14个大字，以警示后人莫忘国耻。2005年2月7日，黑龙江省人民政府公布为省级文物保护单位。

爱国石

11 抗日烽火遍鹤岗

誓死杀敌的老五团

1931 年以前，黑龙江省陆军三旅五团就常在汤原、鹤立、兴山一带驻防，被群众称为"老五团"。"九一八"事变后，老五团奉命开赴齐齐哈尔参加著名的江桥阻击战，打响了反抗日本武装侵略的第一枪。1932 年 5 月，通河镇失守后，老五团退守汤原县太平川休整后，二营驻防鹤立镇，一营驻防鹤岗煤矿，团部和三营十一连驻防萝北兴东镇，机枪连、炮连、十连、十二连驻防在萝北兆兴（肇兴）。五团官兵均佩红袖标，上书"天良救国，誓死杀敌"八个大字，以示抗日救国决心。1932 年 8 月 23 日，刘斌率领五团十连、十一连、机枪连及红枪会改编的红枪营共 200 余人集结于绥东，以防日军北渡松花江再次进犯绥、萝两县。24 日拂晓，两艘日本军舰从松花江上游开到绥东江面，100 多名日军乘小汽舟登岸。刘斌立即组织部队进入战壕，发起了猛烈攻击，战斗一直持续到太阳快要落山了，五团终于将日军全部击退，打死日军 40 多人。同年 10 月，刘斌又在萝北兆兴将"无坚定守城之心，欲与敌人议和"的萝北县县长廖缉熙和"筹办军需不力，意在资敌"的萝北县商会会长王自禹处决。此时的兆兴已成为松花江北岸抗日中心。后因刘斌去了苏联，在日本侵略者步步紧逼下，五团各部各行其是，四分五裂。而五团三十连三排排长刘振声却领着一个排组成抗日义勇军，打出"中侠"旗号返回萝北坚持抗日斗争。"中侠"队赞成中国共产党联合抗日的主张，执行共产党提出的抗日纲领，同其他抗日武装联合作战，战绩非常突出，成为绥、萝两县一支著名的抗日部队，后被改编为抗联六军第五师。

绥滨抗日人民自卫军

1932年4月5日叶宗远接任中华民国绥滨县县长。6月1日叶宗远向驻富锦日军小滨中佐投降，将县政府改为县公署，并成立了县警察独立团，反对人民抗日斗争。时任黑龙江省代理主席兼省军事总指挥的马占山在黑河任命陈大凡（陈庸）为绥滨县县长，8月20日陈大凡带领一支骨干力量从黑河乘船顺流而下到达绥滨胡家桦场子（今忠仁镇中兴村）。他在这里建立中兴镇，名字意为中华振兴。他立即组建了一支绥滨抗日人民自卫军，队伍很快发展到300余人，编为2个大队、6个分队，与日军控制的伪绥滨县公署（所在地绥东）及其伪警察独立团对峙。驻富锦日军小滨司令派人诱降陈大凡，只要他把组织起来的队伍解散，就让他当汤原、萝北、绥滨一带的政治主席。陈大凡毅然拒绝。这一消息鼓舞了松江南北两岸人民的抗日斗志。1933年1月，中华民国桦川县县长张锡侯率部与陈大凡会合。刘斌部下一个迫击炮排长和一个机关枪连班长带领十几位战士前来投奔。从松花江南岸过来半个骑兵连四五十骑兵，带一架平射炮和几十名战士前来加入。红枪会200多人陆续过来聚义。这时抗日队伍达到千余人，陈大凡把队伍改称为黑龙江人民抗日自卫军。同年2月18日，驻富锦日军石井大尉带领400余名日伪军乘40余辆汽车向中兴镇大举进攻。陈大凡打响中兴保卫战，抗日自卫军占据有利地形，狠狠打击日伪军的疯狂进攻，激战三天两夜，击毙日伪军60余人，抗日自卫军伤亡也很惨重。20日傍晚，陈大凡在检查阵地时被敌人的炮弹炸成重伤。大家把他抬下阵地时，他坚决拒绝，高喊道："我陈大凡倒下了，但抗日大旗不能倒下，队伍更不能散，大家一定要团结一心，坚持战斗到底！"抗日自卫军只好撤离中兴镇，将陈大凡护送过江去苏联疗伤。同年夏，陈大凡伤愈后从萝北对岸过江回国，因未找到抗日队伍，就辗转到了哈尔滨，后又去了北平，参加了革命，加入了共产党。

抗联三打鹤岗矿山

　　1936年初，东北抗日联军第六军决定攻打鹤岗矿山镇，汤原中心县委密切配合，派得力干部进入矿山，和矿山党组织一起了解敌情，建立抗日救国会，做争取矿警队员工作。袭击矿山的条件基本成熟后，4月13日，第六军军长夏云杰（也作"夏云阶"）在鹤岗矿山南25公里处的铁路沿线集结250人的队伍，进行了一次试探性的进攻，使敌人虚惊一场。4月20日，夏云杰又率领300人的队伍进攻鹤岗矿山，不料因向导引错路而失去战机，部队原路返回。5月22日，夏云杰部署两个团分别在莲江口、汤原通往鹤岗矿山的要道上设伏，阻击敌人增援部队，自己亲率三个团600余人进军矿山。当日傍晚到达鹤岗北面石灰窑山。按照作战计划，兵分两路，一路由冯志纲率领300人炸毁矿山东南的吊桥，以封锁日军守备队骑兵连和矿山警察的反击之路，另一路由夏云杰率领300人直捣煤矿事务所。午夜时分，战斗打响。抗联六军短枪队的战士们如猛虎下山，冲向卡子房，打死敌人哨兵，接着大部队迅速冲向矿区。在矿山抗日救国会会员的配合下，切断矿区内外的电话线和电网，炸毁敌人的汽车库和日军守备队的吊桥。战斗持续到次日拂晓，击毙 2 名日本官员和伪矿警队队长，缴获步枪 30 余支、机枪 1 挺和 6500 发子弹，还缴获了大量棉被、鞋和粮食等军用物资。夏云杰军长集合矿警队员，对他们进行抗日救国的宣传，当即有 26 名矿警队员加入抗联队伍。这一仗鼓舞了矿区人民抗日救国的斗志。

袭击金满沟金矿局

1937 年初，东北抗日联军第三军军长赵尚志把在各密营休养、已经康复的伤病员近 200 人组建成一个留守团，任命于保合为政治部主任，崔春秀为团长，下设两个连。王玉生率领一连活动于乌伊岭、佛山（今嘉荫）萝北一带。3 月初，按照赵尚志的指令，政治部主任于保合率一连成功袭击了伪嘉荫河金矿局。十天后，抗联派出的侦察员回来说："金满沟金矿局的伪军已撤走，只剩下十几名伪警察，还有十几名鄂伦春人配合看管金矿局。"留守团一连决定立即袭击金满沟金矿局。精选 30 余名战士组成小分队，又划分成两个战斗组，由连长王玉生率领，经过两天急行军来到金满沟。半夜时分，分别从西面和北面同时进攻，敌人集中到南炮楼内负隅顽抗。经过半小时激战，抗联占领了敌人的仓库，缴获步枪 1 支、沙金 16.38 公斤、面粉数百袋。抗联战士只背走二三十袋面粉，其余面粉连同仓库一起放火烧掉。打死敌人数名，抗联战士只牺牲一

人。战后，伪满《大北新报》报道说："这次进攻，直接损失
1 万余元。"

夜袭萝北县城兆兴镇

1937 年末，中共北满临时省委在依兰东杨家沟召开会议，
决定由赵尚志代表北满临时省委向中共中央驻共产国际代表汇
报，解决抗联存在的一些重大问题，并取得与中共中央的联
系。会议还决定由抗联总政治部主任李兆麟和戴鸿宾各率领一
支部队攻打萝北县城兆兴镇和鸭蛋河镇，配合过江。1938 年 1
月 26 日，在东北抗日联军第六军九师师长李振远率领的小股
部队掩护下，赵尚志与警卫员郭禄等 6 人从萝北名山镇东三道
通西侧越过冰封的黑龙江去苏联。1938 年初，为执行中共北
满临时省委袭击兆兴镇、配合赵尚志赴苏联执行秘密任务的决
定，抗联第三军、第六军快速集结于梧桐河畔公家屯。2 月 4
日夜，抗联六军军长戴鸿宾、三军一师师长蔡近葵率领 500 余
人奔袭萝北县城兆兴镇（今肇兴镇）。因天寒路远，夜间行军
道路不熟，部队到达时已是拂晓。原定部队这时结束战斗，可
现在战斗还没打响，戴鸿宾想部队已经开到日军眼皮底下，日
军竟然毫无察觉，执行原定方案还是有利的。于是，下令打响
战斗。部队首先攻占西门警察所，击毙伪所长崔子彬。接着进
攻伪县公署。抗联部队发射近 40 发迫击炮弹，均因受潮，无
一爆炸。一师师长蔡近葵率队攻击日军驻地南大营，与日军正
面接火，于是他又撤回部队与六军会合。六军军长戴鸿宾命令
迫击炮班向日军开炮，没想到这一炮真的打响了，炸得日军晕
头转向，不敢妄动。天大亮后，部队向西撤退时，见日军乘两

辆汽车向西急驶,欲抢先占领城西上街基村炮台,以对抗联部队形成东西夹击之势。戴鸿宾命令第六军二十八团郭团长和一名机枪手抢先占领上街基东西炮台。日军刚到就遭到机枪猛烈扫射。日军不断增加援军,后抗联部队子弹打完了,又无援军,在迫不得已的情况下,六军军长戴鸿宾和一师师长蔡近葵带领队伍趁黑夜突围过江去了苏联。这次战斗击毙日军指挥官板板少佐、警察局指挥官岩崎等18名日军。

高家窝棚阻击战

1938年4月,东北抗日联军得到信息,有一支日伪国防警察部队携家眷共300余人从双城经萝北去绥滨驻防。为消灭这股敌人,东北抗日联军第六军一师师长马德山带领70余名战士,五师政治部主任高玉斌带领三十九团100余名战士,在六军参谋长冯治纲的指挥下,于5月5日在萝北高家窝棚附近设伏。上午9时许,敌人哨兵班12人带着警犬首先进入伏击圈。警犬发现目标狂吠起来,战斗被迫提前打响。敌人抢占高家窝棚及东侧的旱河沿岸负隅顽抗。高玉斌立即率队迅速绕到旱河东岸,从背后攻击敌人。敌人腹背受击,伤亡惨重,被迫向兆兴方向逃窜。马德山师长在追击时,不幸被流弹击中胸部牺牲。这次战斗进行1小时,击毙1名日军警尉官,打死打伤伪警察30余人,俘虏伪警察大队长以下80余人,缴获手枪14支、步枪100余支、行李100余件。

抗联会师老等山西征

1938年6月,抗联各路人马会师萝北老等山(今梧桐河农场境内)一带。李兆麟代表省委在麻花林子六军五师密营地召开三、六、九、十一军军政联席会议，传达北满临时省委会议精神，确定跳出敌人包围圈，组织抗联各路人马分三批西征，实行战略大转移。首批西征部队由六军军部、一师六团、二师直属教导队、二师十一团共200余人组成，大部分是骑兵，冯治纲任总指挥。同年7月13日，冯治纲率部队从萝北麻花林子出发，在黑金河露营时不幸遭到日伪军突然袭击，二师师长张传福等8人壮烈牺牲，陈雷臂负重伤，马匹、给养大部损失。经过1个月的艰难跋涉，终于胜利到达海伦八道林子与张光迪部会师。第二批西征队伍由三军政治主任金策与三军三师政治部主任侯启刚率领的三军三、四师和王明贵师长率领的六军三十八团、二师十二团组成，共计400余人，于同年9月6日亦从萝北麻花林子出发，路经鹤岗补充给养，击退围追堵截的汤原治安队，沿汤旺河西进，10月8日到达海伦白马石，与首批西征部队会师。第三批西征部队由李兆麟率领的六军教导队和李景荫师长率领的十一军一师共百余名战士组成。同年11月初从老等山蒲鸭河抗日基地出发，途经鹤岗袭击北山石灰窑日军仓库，缴获一批棉花、棉布，解决了战士们的冬装问题。部队顶风冒雪渡过汤旺河，取道伊春，穿过小兴安岭，于12月末到达海伦八道林子与前两批西征部队会师。抗联部队的成功西征，彻底粉碎了日军三江大讨伐，妄图将抗联聚而歼之的阴谋。

12 赵尚志将军殉难鹤岗

赵尚志，辽宁省朝阳县人，1908年生，1925年在哈尔滨读书时参加革命，并加入中国共产党，曾在黄埔军校学习过。
"九一八"事变后，受党的派遣，赵尚志到东北建立抗日民主
武装力量，先后担任过中共满洲省委常委、军委书记，巴彦反
日游击队参谋长、政委，珠河反日游击队队长，东北民众反日
联军总司令，东北抗日联军第三军军长等职。1942年2月，
牺牲在兴山（鹤岗）梧桐河警察分驻所。赵尚志一生曾三次
身陷囹圄、两次被错误开除党籍，但他对党的事业忠贞不渝，
是名久经考验的共产主义战士。

1939年6月，赵尚志从苏联返回东北领导抗日斗争，同
年年底，苏方来电说，北满省委常委、宣传部部长冯仲云同志
已到苏联，准备在苏联伯力召开北满、吉东省委代表联席会
议，请赵尚志到伯力与北满、吉东省委代表一起开会。于是，
赵尚志率领司令部十几名人员再次跨越坚冰封冻的黑龙江去了
苏联。1940年3月28日，"伯力会议"结束后，赵尚志以抗
联第二路军副总指挥的身份回到了东北。同年12月，赵尚志
再次赴苏参加东北党组织、抗联部队主要领导人组织的第二次
伯力会议，直到1941年秋才返回中国东北。在苏联的十个多
月的时间里，身在异国他乡的赵尚志十分渴望返回东北抗日战
场，他要继续为"光复东北，争回祖国自由"而战，重新组
织队伍驰骋疆场，打出个局面来。

1941年10月，苏方同意他率领一支精悍的小部队去北满
执行特殊任务：一旦日苏战争爆发，便去炸毁兴山的发电厂和
佳木斯至汤原间的铁路，并配合苏方在小兴安岭深处汤旺河上
游老白山附近修建飞机场。10月中旬在苏军协助下，赵尚志

率领由姜立新（原抗联三军留守团团长）、张凤岐（原抗联三军三师三团团长）、赵海涛（原抗联六军战士）、韩有（原抗联二路军战士）等 5 人组成的小部队携带武器、炸药秘密渡江，在萝北县境内的大马河口附近登岸回国。回国后赵尚志一直活动在鹤岗北部山区和萝北一带。伪鹤立警务科为了消灭这支小分队，派警备队长夏永昌等 25 人进山搜索 7 天毫无结果，遂令伪兴山警察署扩充侦察网，加强第一线的情报工作。兴山警察署署长田井久二郎（警佐）、特务主任东城政雄（警尉）精心策划了捕杀赵尚志的计划。他们派遣伪金矿局梧桐河矿警队刘德山以皮货商的身份混进萝北县境内的山区，寻找赵尚志的踪迹。

1942 年 2 月初，赵尚志带领姜立新和一名战士，在姜把头窝棚了解敌情时与刘德山相遇，赵尚志拔枪要把他击毙。由于姜立新认识刘德山，刘曾参加过抗日活动，便错误地把刘德山介绍给赵尚志。刘德山指天发誓抗日，骗取了赵尚志的信任。2 月 8 日，赵尚志又收留了来为刘德山送情报的敌伪人员张锡蔚。当天，刘德山向赵尚志献计说："梧桐河金矿警察分驻所情况我最熟悉，只有十几支枪，晚上只设一个岗哨，唾手可得。"赵尚志信以为真，采纳了他的意见，决定袭击梧桐河警察分驻所，并做了具体战斗部署。2 月 12 日凌晨，赵尚志率领小分队出发，当行至距梧桐河警察分驻所北 2 公里的吕家菜园小屋附近时，刘德山建议到吕家菜园小屋暖暖手脚再走，赵尚志表示同意。离吕家菜园小屋约有 30 米远时，刘德山故意留后几步，把赵尚志、王永孝两人让到前面，他随即掏枪向赵尚志腰部射出一发子弹，由于近在咫尺，赵尚志当即扑倒在地，子弹从他后右腰射入从左前腹部穿出，鲜血直流。接着刘德山又打响第二枪，将走在前面的王永孝打倒。刘德山正欲逃跑，赵尚志忍着剧痛，举枪射击，当场击毙刘德山。

走在后面的姜立新急忙赶来，将赵尚志抬进吕家菜园小屋。张锡蔚急忙逃走，到伪警察分驻所报告去了。当时，吕振清一家见被抬进来的人身着日本军用呢大衣，头发有二寸多长，感到十分害怕。赵尚志半躺在炕上和蔼地对屋里的人说："我们是抗联的，你们不要怕，我们不会伤害你们的。"接着，赵尚志从怀里掏出一包东西命令姜立新说："这是部队的生命，一定要带好，你们快走。"跟随赵尚志多年的姜立新万分懊悔，后悔当初不该为刘德山说情。他坚持要抬走赵尚志，但赵尚志坚决不同意，命令姜立新立即转移。姜立新无奈，只好带着另两名战士恋恋不舍地离开了吕家菜园子。姜立新走后不久，敌人在特务张锡蔚的带领下坐着马爬犁就赶到了。他们将吕家菜园团团围住，接着就是一场激战，赵尚志和王永孝在重伤昏迷中被俘。敌人将身负重伤的赵尚志、王永孝抬到爬犁上，拉到梧桐河伪警察分驻所附近一个工棚子里突审。赵尚志的伤口流着鲜血，但他却拒绝敌人的治疗。敌人见赵尚志伤势严重，赶忙拍电报给兴山伪警察署，要求连夜派车带医生前来押解。12日上午9时许，赵尚志因伤势过重、流血过多，壮烈牺牲。14日下午3时，敌人将赵尚志的遗体从梧桐河伪警察分驻所运到兴山（鹤岗）警察署后，又由兴山经鹤立运至佳木斯伪三江省警务厅。后来，日本关东军宪兵司令部编辑的《满洲共产抗日运动概况》这样描述审讯赵尚志的情形："赵尚志受致命重伤，仅生存 8 小时。于此期间，对审讯之满人警察官称：'我是赵尚志。你们和我们不同样是中国人吗？你们却成为卖国贼，该杀！我死不足惜，今将逝去，还有何可问？'"赵尚志大义凛然、视死如归，时年 34 岁。为纪念这位抗日民族英雄，1946 年 4 月，鹤立县民主政府根据县参议会第一次会议决议将离赵尚志将军殉难地最近的梧桐村改为尚志村。现鹤岗市区、鹤北林业局、宝泉岭农垦分局建有赵尚志烈士纪念馆、纪念碑和尚志公园。

13 日伪罪证

日伪鹤岗刑务署

1943 年 11 月，牡丹江监狱在鹤岗陆镜（今南山区大陆矿）设立牡丹江监狱鹤岗作业场，后叫分监，1945 年改称鹤岗刑务署。此期间先后从牡丹江、佳木斯、高锦、密山、勃利、西平、长春、延吉、克山、北安、绥化、哈尔滨、依兰等地押送来所谓"国事犯""经济犯"等 3000 多人。鹤岗刑务署内部设庶务、作业、监理、医务等课。刑务署长和各课课长均由日本人担任，看守人员共约八九十人。"犯人"被编成大、中、小队。刑务署强制犯人在陆镜二、三坑井下采煤，每天劳动 12 小时。监舍内阴冷潮湿，卫生条件极端恶劣。由于劳累过度、营养不良，疾病流行，事故频发，两年间死在鹤岗刑务署的就有 1300 余人。刑务署附近的大陆东山坡，是死难者的葬地，尸体一层层一堆堆，惨绝人寰。

日伪鹤岗矫正辅导院

1943 年起，日本帝国主义为了稳住开始败北的阵脚，进一步对国事、政治、经济、思想嫌疑犯进行迫害，开始设立矫正辅导院，这个机构也是日本侵略者设立的监狱。1944 年 5 月，牡丹江矫正局在鹤岗东山设立一所矫正院，后来由于各地送来的"犯人"不断增多，于同年 11 月又在西山地区（现向阳区振兴街）增设一处，统称鹤岗矫正辅导院。日本侵略者把社会上的失业者即所谓的"浮浪"强制押送到此，进行所谓的政治思想矫正，并充作苦力。1944 年 8 月囚禁 600 多人，到 1945 年 8 月囚禁人员达 1190 人。矫正院四周有电网、碉堡，武装看守，日夜巡逻。一批批死难的"浮浪"被扔到附近荒坡，无人掩埋，尸骨累累，惨不忍睹。

东山万人坑

鹤岗东山万人坑是东北地区最大的万人坑之一，1968 年，鹤岗矿务局组织挖掘了东山万人坑一角，在长 10 米、宽 8 米、深 2.5 米的土坑里，就挖掘遗骨千余具，其状惨不忍睹。有的头骨被击穿，有的腿骨被折断，有的双手被捆绑，有的眼眶竟被铁丝穿过。坑中尸骨大多数有整齐的牙齿，说明死者都是青壮年，同时在坑中还掘出许多死难矿工穿过的尚未腐烂的破胶鞋底，大部分已磨穿。据老矿工回忆，1945 年以前，东山万人坑一带是人迹稀少、野狗恶狼出没的乱尸岗子，尸骨来源主要有日寇统治压迫下劳累致死的矿工、外包工和矫正辅导院的

"浮浪"；井下事故伤亡矿工；因瘟疫疾病死亡的矿工和家属；被残害致死的反满抗日爱国者，当时有的人还有气就被活活扔进坑里，扔进去的时候还大喊大叫。东山万人坑的累累白骨是日本侵略者残害中国人民的铁证。现已修建了 210 平方米的保护性展室。1981 年 1 月，黑龙江省政府公布为省级文物保护单位。1986 年，黑龙江省国防教育领导小组将其命名为国防教育基地。

东山万人坑矿工遗骨

14 鹤岗军事要塞

凤翔要塞

凤翔要塞于 1943 年开始修筑，1944 年，日军组建关东军第十四国境守备队在此驻守。凤翔要塞驻步兵两个大队、炮兵一个大队。凤翔要塞处于关东军东北部防线正面战略方向，其作用是以防御为主，主要是在关东军展开攻势作战期间或苏军进攻日军时，阻挡苏军沿松花江和大兴安岭东侧向佳木斯、哈尔滨方向推进。1945 年 7 月，第十四境守备队与富锦驻屯队和独立混成第七十八旅团一起补充组编到第一三四师团。守备凤翔要塞的是第一三四师团第三六五、三六七联队之一部，其他大部分被抽调南下，要塞兵力空虚。苏军出兵东北时，要塞工事均被摧毁。

兴山要塞

兴山要塞位于鹤矿集团青山林场、青岭林场和鹤岗市林业局细鳞河林场一带的小兴安岭山脉中，扼守当年鹤岗通往萝北的唯一必经之路，日本关东军防御苏军由此进击佳木斯、哈尔滨。1937 年，兴山要塞开始建设，到 1939 年末，已建成一些局部加固并驻有守军的野战阵地。此后，日军按照"国境要塞化"的要求不断修筑完善，到 1943 年主体工程基本完成，1944 年第十四国境守备队编成后，派驻兴山守备队步兵三个大队、炮兵一个大队、工兵一个中队。但随着日军在太平洋战场的战况急剧恶化，形势已不容许关东军在中苏边境地区继续保留那些无用的庞大兵力，因此，日军大本营不得不抽调关东军的精锐部队陆续分批南下。1945 年 8 月 9 日，苏军进军东北时，兴山要塞驻军大部分已被抽调南下，几乎成为空塞。苏军没受到大的阻击，就顺利占领了鹤岗。要塞地面工事被苏军炸毁。兴山要塞是一个结构复杂、规模庞大的由各种地上、地下作战工事构成的一个相对独立的作战地域，有一定的作战防御正面和纵深,其周围设置布雷区、反坦克壕和纵横交错的交通壕。阵地上设有大量的碉堡、枪座、炮台、观察指挥所、掩蔽部、弹药库、物资库,还有深藏地下的功能齐全、设备完整的地下工事。现在仍留下大量军事工事遗迹。目前,已发现各类工事90余个,指挥所3个,水井2眼,堑壕、盘山道、营房等遗迹清晰可见。由于关东军败退前对要塞档案资料、图纸进行销毁,很难查到相关资料,这也给我们留下了一个难解的谜团。日本关东军修筑的要塞防线不同于欧洲法国的马其诺防线和德国的齐格菲防线,是那种单纯的军事工程,它是集政治(军事一体化)、经济(开发掠夺资源)、军事(国防设施建设)、殖民(大规模移民)为一体的综合性国防军事基地建设。为达到其目的,关东军还修建了兴佛警备路、东安飞机场、炭矿医院等许多与要塞配套的设施。

15 苏联红军进军鹤岗

1945年8月8日,苏联对日宣战。8月9日,中共中央毛泽东主席发表《对日寇最后一战的声明》。同一天,百万苏军兵分三路向盘踞在东北境内的日本关东军发起进攻。在鹤岗萝北一带登陆的苏联红军于拂晓前行动,到10日全部渡江完毕。主要部队有苏军远东第一方面军第十五集团军三十四步兵师和五十五步兵师并两个坦克旅组成的右翼部队。在航空兵的掩护下,分别从嘉荫河口、太平沟、金满屯、名山、上街基5个地方渡江登陆。在长约140公里的黑龙江沿岸向日寇发起进攻。

苏军在凤翔和长脖岗遇到小股日军抵抗，很快将其消灭，但在兴东道台府一带，日军在碉堡内向苏军猛烈射击，双方展开激战。苏军开炮歼灭日军，也毁坏了一处重要古迹——兴东道台府。

8月9日上午8时许，鹤岗的人们看到由北向南飞来两架苏联飞机，在鹤岗上空盘旋、侦察，并撒传单。传单上印有斯大林头像和斯大林《告中国人民书》。8月10日上午9时，日军10余人携带炸药32包，到发电所（也叫发电厂），用枪将中国人全部逐出所外，炸毁发电设备。同时，日军还炸毁水源，使鹤岗的供电供水系统全部瘫痪。日军在溃逃前还对矿井和矿山设备器材等进行了疯狂的破坏。鹤岗一些有识之士组织工人保护矿山，迎接苏联红军接管。苏军先头部队经萝北向鹤岗挺进，于8月13日早6时到达石头庙子，日军妄图利用"兴山要塞"阻挡苏军。苏军在石头庙子打了一场较大规模的战役，大部分日军被消灭。苏军炸毁"兴山要塞"的碉堡，然后向鹤岗发炮。当天上午，苏军进驻鹤岗，惨遭日寇14年蹂躏的鹤岗矿山终于获得了解放。

16 兴山手枪队

"手枪队"是兴山的第一支人民武装力量，是在兴山光复的前夕，由刘银喜、徐挺坚、姜鸿飞等爱国进步青年自发组织起来的，刘银喜任队长。刘银喜曾参加过八路军，1943年12月，经组织批准到兴山探望病重的母亲，因时局变化未能归

队，后经人介绍在鹤岗炭矿医院当了外科医助。其间他结识了
徐挺坚和姜鸿飞，由于他们都对日本侵略者痛恨无比，因而成
为志同道合的挚友。

1945 年 8 月 9 日早晨，徐挺坚、刘银喜在秘密收听苏联广
播时得知，苏联红军已进军中国东北。徐、刘二人激动不已，
认为时机已到，立即把姜鸿飞找来，经商量他们决定秘密组织
武工队，配合苏联红军打击日本侵略者，预防日伪残余对煤矿
的破坏活动。10 日、13 日，刘银喜、徐挺坚、姜鸿飞参加了
迎接苏联红军进驻兴山的活动，先后引导苏军进驻了几个重要
地点，特别是解救了关押在南山六号日本监狱中的无辜百姓，
博得了苏联红军的信任。在苏联红军驻兴山卫戍司令部的帮助
下，刘银喜、徐挺坚、姜鸿飞秘密组建了兴山第一支人民武装
力量——武工队。由于当时的兴山仍处在白色恐怖之中，为了
缩小目标，武工队公开的名称叫手枪队，第一批队员共 30 余
人，这些手枪队员有工人、雇员、学生和矿警队员等，大都在
夜间活动。他们收集枪支、张贴标语、调查和监视一些可能对
矿山进行破坏的人。

1945 年 9 月 3 日，共产党抗联干部彭施鲁受东北抗日联军
领导人周保中、李兆麟的派遣，率领抗联工作组 40 余人抵达
佳木斯市，彭施鲁任合江地区抗联工作组负责人，并担任苏军
驻佳木斯卫戍司令部副司令。9 月上旬，刘银喜前往佳木斯苏
军卫戍司令部同彭施鲁取得联系，汇报了组建手枪队、保卫矿
山以及所掌握的兴山伪警、宪、特活动等情况，并积极请示工
作任务。经抗联工作组研究确定，承认刘银喜及其手枪队为共

产党干部和革命武装力量。刘银喜回到兴山后，继续发展队伍，收集武器武装队员，并提出手枪队的宗旨是：保矿建军，迎接八路军接管矿山。手枪队的活动得到了苏军驻兴山卫戍司令部的支持，到9月末，手枪队已发展到50多人。

1945年11月中旬，刘银喜率领手枪队队员到佳木斯迎接和保卫三江人民自治军司令部和三江行政公署派到兴山的首任鹤岗矿务局局长王其清。王其清到兴山后，手枪队负责随身保卫工作。11月下旬，刘银喜又率领手枪队队员到佳木斯迎来了中共合江省工委派到兴山的延安赴东北干部陈瑞符、刘大兴、邵万财、罗仕泉、杜涛等人及部分三江人民自治军。陈瑞符等率领部队进驻兴山后将鹤岗手枪队改编为三江人民自治军第三团，并在手枪队队员中秘密发展了一批中共党员。1946年1月，合江军区将三江人民自治军第三团统一编制为合江军区独立十二团（也称"鹤岗独立团"），原手枪队大部分队员担任了营、连级职务，成为独立团的骨干力量。

17 解放战争的坚强大后方

新中国电影事业的摇篮

长春电影制片厂的前身东北电影制片厂，就是在当时称为兴山市的鹤岗成立的，并创造了新中国电影史上的"七个第一"，所以鹤岗有"新中国电影的摇篮"之美誉。

1946年春，国内解放战争进入非常时期，国民党大举进攻营口、本溪、四平等城市。中共东北局决定将在长春的东北电影公司迁往合江省兴山市。5 月 23 日，公司在军队的协助下将接受日伪"满映"的设备器材运往兴山。延安电影团 40 余人于 9 月也来到兴山。10 月 1 日，正式成立了东北电影制片厂，称为"东影"。"东影"在兴山创业，条件艰苦，设备简陋。当时，把一栋日本小学校的平房改建为洗印、录音、剪辑等技术车间，将一所没完工的电影院改建为摄影棚，将原来日军驻地的一所马棚改建为职工宿舍，将日伪"社宅"的一幢北黎廖楼改建成办公室，"东影"就是在这样简陋、艰苦的条件下开创了人民电影事业的。当时，鹤岗矿务局将西山红军街的一马路、二马路等较好的房屋，都让给了"东影"使用，粮、煤等生活用品与器材供应都予以优先照顾。

"东影"在兴山进行了各片种的试制工作。首先制作的是一组 17 集的大型纪录片《民主东北》，数十组战地摄影队的工作人员，不顾自身生命安危，在指挥部与战地之间，同战士一样爬山越岭、爬冰卧雪，身背枪弹，手提摄影机战斗在火线上，较完整地记录了解放战争东北各战场的真实情况，而张绍柯、杨荫萱、王静安等同志却为人民的电影事业献出了宝贵的生命，《四下江南》《东满前线》《收复四平》《公主岭战斗》等，实录了我军渡过松花江南下，向敌军发动进攻的激烈巷战情景。第一部短故事片《留下他打老蒋》、第一部译制片《普通一兵》、第一部科教片《预防鼠疫》、第一部动画片《瓮中捉鳖》、第一部木偶片《皇帝梦》、第一部长故事片《桥》等影片都是在兴山市完成的。1949 年 4 月，"东影"奉命全部迁至长春。

东北电影制片厂在鹤岗摄制的第一部长故事片《桥》

中国医大在鹤岗

1945 年 10 月，中国医科大学（简称"中国医大"）根据党中央的命令，离开延安向东北迁移，1946 年 7 月到达兴山市（鹤岗），并合并了先期迁来的东北军医大学和东北大学医学院。1946 年 8 月 15 日举行了开学典礼。在校有延安来的 18 期、20 期及在东北招收的 21、22、23 期学员，共计 500 余人。

中国医大在兴山期间，坚持以"培养政治坚定、技术优良的医务干部"为办学方针。解放战争时期，前线急需大批医务干部，"一切为了解放战争的胜利""一切为了伤病员"，成为全校师生的行动口号。为适应急剧发展的战争需要，学校对教学内容和学制做了较大的调整和改革，并按专科重点的要求，设置了内科、外科、五官科等专业，其中以外科为重点。基础理论学科有解剖学、生理学、组织学、病理学、药理学、细菌学。学校的规模也随着战争形势的需要逐步扩大，陆续成立了 4 个分校。中国医大在兴山期间培养了 1731 名医疗卫生干部，分配到全国各地，多数分配到部队，参加解放战争各大战役。中国医大毕业生遍布各地，有的成为国家机关、军队、各级卫生机关领导干部；有的则成为高等医学院教授或学科带头人。1947 年，东北西部的扶余、白城子、通辽等地发生鼠疫，中国医大组成 200 余人的医疗队赶赴疫区，向群众进行卫生宣传，开展医疗救治。奋战两个多月，扑灭了这个地区的鼠疫，有力地配合并支援了解放战争和土地改革的进行，受到人民政府和当地群众的赞扬。

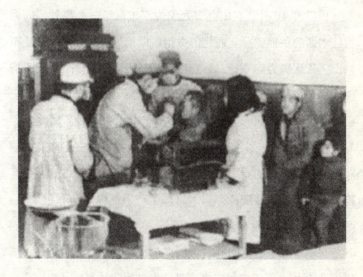

后方医院医务人员在给患者诊疗

随着辽沈战役的胜利和革命发展的需要，1948 年 10 月，上级决定由副校长李亭植率领一部分干部、师生到长春接管原长春大学医学院，组成长春军医大学，第一、二分校合并组成哈尔滨医科大学，三分校合于总校，四分校组建成承德医专。总校迁往沈阳。

军工生产基地

1947年2月，东北民主联军总部军工部决定在兴山市建立军工部第二办事处。所属工厂有手榴弹厂、炼钢厂及枪弹厂。手榴弹厂建于1946年8月，主要由军工部派到佳木斯的王逢原、周鉴祥等人筹建。他们接收了原合江军区后勤部的炸弹厂（即"合江铁工厂"）及东北军政大学的一部分机器设备，并在佳木斯飞机场收集了几部车床，在佳木斯光复大街建立手榴弹厂。

1947年10月，兴山办事处编为军工部第二办事处，同时将佳木斯的手榴弹厂、通化的炼钢厂以及延边的枪弹厂都迁至兴山，依次编为第一、二、三厂。此外还建立了一个生产手榴弹木柄和枪弹包装箱的木材厂。1948年，第二办事处将第三厂扩建为第三、四、五、六厂。这样，第二办事处所属兵工厂具体分为：第一厂生产手榴弹；第二厂炼钢；第三厂修造机器和制造生产枪弹的专用工具；第四厂生产枪弹壳；第五厂生产枪弹头；第六厂装配枪弹；木材厂生产手榴弹木柄和包装箱。此时第二办事处拥有大小生产设备300台，职工1763人。随着东北解放战争的不断胜利，根据东北军区军工部的命令，从1949年开始，军工部第二办事处转产并逐步从兴山迁出。

《咱们工人有力量》诞生在鹤岗

《咱们工人有力量》是一首人们耳熟能详的经典老歌，唱出了工人阶级的豪迈之情，激励了几代人，但是很少有人知道，这首歌就是在鹤岗创作出来的。

日本帝国主义投降以后，国共两党又展开大决战。当时的鹤岗远离解放战争前线，铁路、公路交通便利，既是煤炭生产基地，又盛产粮食，而且背靠苏联，所以成了战略大后方。其间，东北民主联军后方医院、东北军医大学、东北电影公司、延安电影团、东北大学医学院、中国医科大学、东北民主联军总部军工部所属第三兵工厂、合江军区手榴弹厂等先后迁来鹤岗，当时仅有3万人口的鹤岗成为东北解放战争的煤炭供应、军工生产、伤员救治的后方基地，同时也是人民电影事业的摇篮。在矿井、工厂、医院，在各条战线每一个岗位上，人们都在日夜奋战。音乐家马可就是在这种背景下来到鹤岗的中央机修厂体验生活的。熊熊的炉火，轰鸣的机床，一切为了解放战争而拼搏的工人，给了马可火热的创作激情。他到鹤岗不久，就在自己的宿舍里创作出了新中国第一首讴歌工人阶级的歌曲——《咱们工人有力量》的草稿。他又把作品与几个文工团团员一起进行加工，并到车间唱给工人师傅听，就这样，这首《咱们工人有力量》从鹤岗唱响，唱遍全国，经久不衰。

18 苏联援建三大重点项目

新中国成立后，国家把鹤岗作为重点建设的煤炭生产基地之一。在苏联援建的156个重点项目中，鹤岗占4项，除1项因故未能实施外，其他3项均建成投产，为鹤岗煤炭产业大发展奠定了坚实的基础。

东山竖井是苏联援建项目投放在鹤岗的第一项，由苏联列宁格勒煤矿设计院设计，年生产能力为90万吨，鹤岗矿务局建井工程处负责施工。1950年9月20日破土动工，1955年9月20日竣工生产。由于是新中国成立后建成的第一座竖井，东山竖井在投产后被国家煤炭部命名为"新一煤矿"。

东山竖井移交生产时中方向苏联专家赠送锦旗

兴安竖井是鹤岗矿务局继东山竖井之后建设的又一座大型现代化竖井，是苏联援建项目投放在鹤岗的第二项，而且比东山竖井规模更大、生产能力更强，由苏联列宁格勒煤矿设计院设计，年生产能力150万吨，当时堪称亚洲第一大煤矿。兴安竖井于1952年8月1日正式动工，1956年7月20日建成投产，国家煤炭部将其命名为"兴安煤矿"，这个矿一直是鹤岗矿务局的主力煤矿。

兴安竖井建成后，兴安选煤厂随之应运而生，也被国家确定为苏联援建重点工程之一。兴安选煤厂由苏联列宁格勒煤矿设计院设计，年选煤能力150万吨，1957年8月15日开工，1960年2月18日投产。是当时全国八大选煤厂之一，也是新中国第一个现代化动力选煤厂，主要为富拉尔基第一重型厂、北满钢厂和哈尔滨"三大动力"供应优质动力煤。

19 采煤工出身的共和国煤炭工业部部长

于洪恩，1927年出生于山东省莒县。1946年，于洪恩为了生活毅然爬上北上的列车，来到时称兴山的鹤岗煤矿，成为东山矿一名采煤工人。他凭着年轻气盛，干活舍得卖力气，做事愿意动脑筋，工作爱较真儿，不服输的劲头，很快就被推选为采煤班长，并于1948年加入了中国共产党。

中华人民共和国成立时，22岁的于洪恩也由坑长升任东山矿副矿长；1950年又升任矿长。由于他天生嗓音洪亮，向上级汇报工作、开会做报告时调门高，人称"小钢炮"。1954年矿建公司和土建公司合并时，组织上调他去建井公司任经理。1956年，根据矿务局的推荐，煤炭工业部调任于洪恩到北京煤干院学习。煤干院学习结束后，他刚过而立之年，又被保送到全国煤矿最高学府北京矿业学院继续深造。4 年后，他怀揣着"北矿"毕业文凭，带着报效家乡的一片热忱，回到阔别数年的鹤岗，投身到日夜向往的煤矿。1962 年 1 月，党组织任命他为矿务局副局长，时年仅 35 岁。1963 年，他又带职兼任兴安矿矿长。1974 年 12 月，他被调任黑龙江省煤炭工业管理局副局长。

"文化大革命"结束后，拨乱反正，百废待兴。1977 年 5 月，于洪恩回到鹤岗任市委副书记、矿务局党委书记。当时煤矿采掘比例严重失调，煤炭产量一直在 700 多万吨徘徊。面对这一困难局面，他经过反复调查摸底，多次研究论证，提出了奋战"七七"打基础，"七八"坚决破千万的奋斗目标。在他的带领下，鹤岗矿务局当年煤炭产量突破 1000 万吨，一举跃入全国十大矿务局的行列。这以后，鹤岗局煤炭产量每年又以 50 万吨的数量递增，等于每年都有一个中型矿井投产，产量最高的时候鹤岗局名列全国第四。他撰写的《挖潜、革新、改造是老矿区煤炭生产发展的主要途径》的论文，解析和诠释了"鹤岗现象"的个中奥秘。他也由此被煤炭部命名为中年挖潜专家。1981 年 10 月，中央任命时年 54 岁的于洪恩为煤炭工业部副部长。在党的第十二次和第十三次全国代表大会上，他连任两届中央委员。几年后，又出任煤炭工业部部长，创造了从采煤行业最底层的工人到最高层指挥官的奇迹。

国家煤炭工业部部长于洪恩到鹤岗煤矿视察

20　隐姓埋名40年的"孤胆英雄"张国福

　　张国福是鹤岗矿务局十三厂的一名普通退休工人，谁也想不到，40多年前，他曾是中国人民解放军赫赫有名的"孤胆英雄"，曾经参加过三下江南、四保临江、辽沈战役、平津战役、渡江作战、进军四川、湘西剿匪和抗美援朝。张国福作战勇敢，屡建奇功，荣立过特等功一次、大功两次、小功五次，并荣获"四野"授予的"孤胆英雄""开路先锋""青年战斗英雄"等荣誉称号。新中国成立后，国家在400多万大军中，仅选出307名战斗英雄，而荣膺"特等战斗英雄"荣誉称号的只有78名。年仅19岁的张国福就位居这个特等战斗英雄的精英群体之中！他曾获得东北人民解放军英雄奖章两枚、全国战斗英雄代表大会纪念章一枚、毛泽东奖章一枚、朝鲜民主主义人民共和国独立奖章一枚。他的英雄事迹在四十七军军史上有记载，被收入《中国人民解放军英雄模范名录》，还以《孤胆英雄张国富》为题上过小学语文课本。1947 年，参军仅半年的张国富就曾活捉国民党军中将赵伯昭。战后，《猛进报》以《16 岁放牛娃张国富活捉国民党中将赵伯昭》为题，报道了这段传奇般的战斗场面。1950 年 9 月，张国富光荣地出席了第一次全国战斗英雄代表大会。会议期间，毛主席、周总理、朱总司令亲切地询问他的身体和学习情况，指示他"好好学习，艰苦奋斗，再立新功"。

1951 年，张国福随四十七军入朝作战，正值敌军发动大规模的"秋季攻势"，张国福所在的连在阵地上坚守七天八夜，在敌人日夜轮番狂轰滥炸下，全连战士除了张国福，全部阵亡，但就在张国福一人坚守的阵地上，敌人也未曾攻上高地。这次战斗中，胸部负重伤的张国福被转回国内，在长春治疗康复后，他回到部队后就被送到湖南衡阳军校深造，但培训还没结束，他就主动要求复员回到原籍吉林榆树。当地政府对家乡的战斗英雄非常重视，经常请他做报告，讲述战斗经历，还准备安排他到县机关领导岗位工作。张国福却不想每天生活在光环中，于是把名字由张国富改为张国福，悄悄来到正在大批采用工人的鹤岗。他先是当了几年消防队员，后又当了 20 多年的火药工，不是制造火药，就是坐闷罐车押运火药，再或者就是装卸火药，直到 1986 年退休。

张国福到鹤岗时档案、户口什么都没带，更别提复员证、立功证了。几十年间，不要说单位的同事，就连他的儿女，也只知道父亲是一名退伍军人，别的都一无所知。直到女儿一次路过西安，出于好奇，到父亲所在的四十七军军部打探，才发现她父亲非同一般的经历。

1998 年 11 月 7 日，这位"孤胆英雄"在北京 301 医院溘然长逝。张国福住院期间，部队领导多次问他对组织上有什么要求，他的回答只有一句话："希望我们党和国家好。"按照解放军三总部的意见准备把张国福的骨灰安放在八宝山革命公墓。但张国福临终有话："我死以后，没必要那么炫耀，还是让我回鹤岗吧。"如今，这位特级战斗英雄的骨灰就安放在鹤岗市殡仪馆烈士灵堂。

21 开发北大荒

新中国成立后，国家对"北大荒"进行了有组织的开发。从 1958 年起，"北大荒"进入了大规模开发时期。数万名解放军复员官兵、知识青年和革命干部，响应党和国家的号召，怀着保卫边疆、建设边疆的豪情壮志来到"北大荒"。他们爬冰卧雪，排干沼泽，开垦荒原，建立了许多国营农场和军垦农场，为国家生产了大批的粮食，把过去人迹罕至的"北大荒"，建成了美丽富饶的"北大仓"，谱写出"北大荒"开发史上灿烂辉煌的一页。

早在解放战争时期，为了落实党中央提出的"建立巩固的东北根据地"的指示精神，支援解放战争而生产更多的粮食，探索和积累进行大规模机械化农业生产的经验，国家开始着手在"北大荒"试办国营农场。1948年2月绥滨农场诞生，隶属绥滨县领导。1949年10月，由松江省五所荣誉军人学校的1100多名荣残病复军人组成的开荒大队，在鹤岗市南郊创建了鹤立荣军农场（现为新华农场）。1950年7月，由松江省公安厅劳改局在梧桐河与都鲁河下游之间，沿松花江北岸，创建了劳改支队，对外称梧桐河农场，1968年转入国营农场的行列。1950年11月，由东北军区政治部解放军官教导第一团在鹤岗市东北郊创立宝泉岭农场。1955年11月人民解放军农建二师五团（原步兵九十七师二九〇团），在松花江和黑龙江的交汇处创建了二九〇农场。

1955年5月，毛泽东在《中国农村的社会主义高潮》一文的按语中指出："农村是一个广阔天地，在那里是可以大有作为的。"为此，团中央于7月25日下发了《关于响应党的号召，组织青年参加开垦荒地的几项意见》。北京市青年率先响应，成立了第一支青年志愿垦荒队。8月16日，《中国青年报》在显要位置刊登了杨华、庞淑英、李连成、李秉衡、张生等五名发起人组织北京市青年垦荒队的倡议书，在首都和全国青年中引起了强烈反响。10天之内，就有803人申请报名，其中北京青年587人。最后，北京团市委在农村和街道青年中选送60人（团员42人）组成了全国第一支青年志愿垦荒队——北京市青年志愿垦荒队。8月30日上午，团中央召开1500人的大会，隆重欢送第一支青年志愿垦荒队。时任团中央第一书记的胡耀邦把"北京市青年志愿垦荒队"的旗帜亲自交到杨华手中。9月10日，垦荒队在萝北举行开荒仪式，队员们创造了青年开荒的最高纪录，一副双轮双铧犁日开荒 9 亩多。后来又有第二批、第三批北京青年垦荒队奔赴北大荒。从 1955 年到 1956 年，奔赴北大荒萝北地区的还有天津、河北、山东、哈尔滨等省市总共 14 批垦荒队员，共 2600 多人。青年垦荒队在茫茫荒原上建立了 8 个以自己城市命名的青年集体农庄，号称"萝北八大庄"。经过半个多世纪的奋斗，青年垦荒队员们造就出一个现代化的大农场——共青农场。

1956 年 6 月，时任团中央第一书记胡耀邦
到北大荒看望青年垦荒队

1958 年 1 月，中央军委决定，将当时中国人民解放军所属的 10 个陆军预备师，全部成建制地转业到"北大荒"和其他地方屯垦戍边，开荒种地。其中预一师、预七师近 5000 人，分别从原驻地四川省江津县和河南省安阳市来到鹤岗萝北县创建农场。在抗美援朝战场上曾坚守上甘岭 43 天的英雄部队十五军 1200 名军官，也从湖北孝感来到北大荒，投入了创建汤原农场的战斗。1971 年，汤原农场奉命整建制地全员搬迁到绥滨县创建普阳农场。开发北大荒的复员军人中，有参加过长征的老红军，有身经百战的师、团、营级指挥员，有战斗英雄，有南泥湾大生产中三五九旅的著名劳动模范，其中有很多是伤残军人，但他们置个人得失、伤痛于不顾，为开发北大荒、变北大荒为北大仓做出了卓越的贡献。

四　地方文化

1　渊源厚重的古代文化

上溯 7000 年，鹤岗地区就出现了文明的曙光。考古工作者在鹤岗地区发现了大量的古代文化遗址和古代文明遗迹。从多处遗址发现的石斧、刮削器、红衣陶、夹沙红衣陶和夹沙黑衣陶等珍贵文物，证明鹤岗是古代先民的生息繁衍之地，他们开创了渔猎文明和农耕文明。

文献记载，居住在鹤岗地区最古老的民族是肃慎。公元前 2249 年，分布在黑龙江东部地区的肃慎先民便派使者前往中原地区，向华夏部落大联盟的首领帝舜进贡弓矢。公元前 1711 年，肃慎先民派使者向商王汤进贡弓矢，建立了从属关系。公元前 1066 年，肃慎使者再次前往中原地区，向周武王进贡楛矢石砮，周武王把楛矢石砮分赠给诸侯珍藏。到公元前 533 年，周王朝就明确地把肃慎之地列入周朝版图。到西汉后期，肃慎后裔被称为挹娄，专家认定绥滨县城附近的蜿蜒河遗址是挹娄人的遗存，挹娄人已开始进入铁器时代。公元279年，挹娄使者向晋朝廷进贡楛矢石砮。从东晋至北魏，"挹娄"族名逐渐为"勿吉"取代。勿吉多次朝贡北魏，规模最大的一次是公元493年，人数达500多人。专家认定绥滨同仁遗址是勿吉人的文化遗存。到了隋朝，勿吉改称靺鞨，公元581年其酋长朝拜隋文帝，建立了政治上的从属关系。同仁二期文化遗存反映的即是靺鞨文化。辽大同元年开始靺鞨改称女真。史料记载鹤岗地区女真文化遗存较多，中兴古城、奥里米古城、邵家店古城等都是女真文明。有专家认为，绥滨蜿蜒河流域是女真完颜氏的发祥地，是金源文化的源头。1635年皇太极将族称"女真"改为"满洲"，形成一个新的共同体满族，挥师南下，入主中原。康熙皇帝把东北视为"国家肇兴之地"，实行了一系列的封禁政策，这使鹤岗这块古老文明之地变得荒芜苍凉。清末开禁之后，许多满族后人从关内寻根回到三江平原，许多人落脚绥滨。

居住在鹤岗地区的古老民族都已经消失了，但他们创立的独特文化遗存仍然熠熠发光，成为中华文化宝库中的重要组成部分。随着改革的深入和文化的复兴，萝北黑龙江流域博物馆的建立引发了以鹤岗为中心的整个黑龙江流域文明探讨研究的热潮。市委、市政府又成功举办了两期黑龙江流域文明论坛，吸引了许多国内外著名专家学者到会，黑龙江流域文明的专题研究引起了国际学术界的关注。刘德诚编著的《萝北历史文化丛书·崛起的原点》和邹晗的《鹤岗地区古代文化遗存》是鹤岗古代文化研究的开山之作。

金列鞓（中兴墓地，现收藏于故宫博物院）

石雕飞天（中兴墓地）

双鹿纹玉雕牌（奥里米墓地）

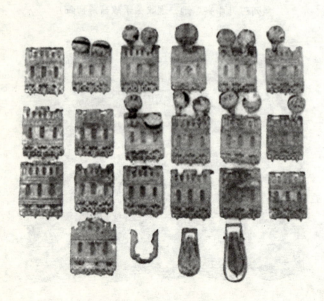

镂空铜腰带（中兴墓地）

2 震惊世界的同仁文化

1973 年，中国社会科学院考古研究所、黑龙江文物考古工作队和黑龙江省博物馆共同发掘了鹤岗市绥滨县福兴满族乡同仁村北 4 公里、黑龙江南岸的古遗址，有了一个惊人的考古发现，震惊了世界考古学界。出土的文物经碳十四测定为南北朝时期勿吉人的文化遗存，这是我国考古学界第一次接触勿吉文化，被世界考古学界命名为一种新的文化类型——同仁文化。

专家将同仁文化定为一期、二期两种文化。

同仁一期文化以 3 号房址为代表。房屋的建筑形制是 6 × 6 平方米的半穴式建筑，四壁立有木板，板与壁之间以土填实，以柱支撑屋顶，门向东，居室中央稍偏西处有灶坑址。灶坑木炭经碳十四测定并以树轮校正为公元 595 ± 85 年，相当于南北朝至隋唐时期。这是勿吉文化遗址。这种小居室是一夫一妻制的住宅，说明到了勿吉时代氏族公社制已经解体。从出土文物看，勿吉人已普遍使用了陶制生活用具和铁质生产工具，也已使用了铁带子、珠子、陶猪等装饰品。

同仁二期文化的陶器以夹砂灰黑陶为主，还有夹砂黄褐陶，器型厚重，与一期的陶器区别不大。二期文化房址与一期的房址相类似，唯独不见板壁内立柱。同仁二期房内木炭经碳十四测定为公元 1010 ± 85 年，相当于历史上的五代至辽。这个时期勿吉已改称靺鞨。

同仁遗址发现后，又相继发现了四十连遗址、团结墓葬、松滨遗址、迎春遗址、六里遗址、延兴遗址等，其中诸多遗存中均有同仁文化特征的遗物，明显具有同仁文化因素。这说明鹤岗地区具有丰厚的勿吉文化和靺鞨文化内涵。

斜口器（同仁遗址）

陶猪（同仁遗址）

3 感天动地的抗联文化

九一八事变后，中国共产党号召全国人民进行武装抗日，鹤岗地区出现了多种形式的抗日武装。首先揭竿而起的有抗日义勇军省陆军三旅五团刘斌部、陈大凡领导的绥滨抗日人民自卫军，中侠、助国、雅民、红枪会等诸多民间武装。共产党领导的东北抗日联军第三军和第六军曾以鹤岗地区为战场，与日伪军展开大小殊死战斗上百次。著名抗日将领赵尚志和无数抗联指战员、爱国志士血洒鹤岗，他们不畏强敌的革命精神和辉煌战绩永载史册。日寇侵占矿山的14年间（1932～1945），在鹤岗矿山和鹤岗区域广袤的白山黑水之间，鹤岗人民和东北抗联同日本侵略者进行了不屈不挠、可歌可泣的浴血抗争，形成了永垂史册的抗联文化。

根据1979年国家民政部、财政部关于对革命老区的认定标准，省政府认定鹤岗为革命老区市、萝北为革命老区县，认定全市5个老区乡镇、66个老区村。老区人民继承革命传统，弘扬抗联精神，积极开展红色文化活动。近年来，反映鹤岗地区抗日斗争的书籍纷纷出版。市委、市政府非常重视抗联文化的发掘和整理，组织班子，投入资金开展工作。贾东敏主编的《中共鹤岗历史》（第一卷），杜德元主编的《鹤岗革命风云录》，刘德诚主编的黑龙江萝北历史文化丛书之抗联文化篇《走向悲壮》，王礼民策划、刘哲斌、冯来元、赵云沛编著的《百年风云——鹤岗重大历史事件纪实》，隋乐勤、曲延辉、梁万喜编纂的《鹤岗市军事志》,于万岭主编的《黑龙江革命老区》之第十章,隋乐勤执笔的《鹤岗革命老区》,刘颖的长篇纪实文学《忠诚》,许玲主编的《神奇鹤岗》等相继问世,构成了鹤岗感天动地的抗联文化。

4 生机勃发的解放区文化

抗日战争胜利后,中共合江省委根据毛主席在东北"建立巩固的军事政治根据地"的指示,1945 年 11 月中共合江省委工委迅速派干部接管了鹤岗矿山,12 月 1 日成立了矿务局,12 月 20 日成立了兴山(鹤岗)民主政府。1946 年 7 月 17 日成立中共兴山市委。在市委、市政府领导下建军建政,剿灭土匪,发展生产,支援前线。鹤岗成了解放战争的大后方。当时南满各大煤矿都被国民党占领,鹤岗煤矿成了东北解放区的主要产煤基地。一切为了前线胜利,鹤岗煤矿提出了"多出一锹煤等于支援前线一颗手榴弹,多出一吨煤等于支援前线一发炮弹"的口号,克服了千难万险,保证了军用煤供应。东北电影制片厂、延安电影团、东北军医大学、中国医大、东北民主联军第九后方医院、军工部所属第三兵工厂、合江军区手榴弹厂等单位陆续迁到鹤岗。东北电影制片厂(简称东影)在鹤岗组建,拍摄了许多影响全国的影片,如大型纪录片《民主东北》和故事片《留下他打老蒋》、第一部木偶片《皇帝梦》、第一部动画片《瓮中捉鳖》、第一部科教片《预防鼠疫》等。鹤岗接收前线伤病员 1 万余人,经常住院治疗的 1500 余人，全市人民总动员，接送伤病员，慰问、献血、洗衣。鹤立独立团在鹤岗扩编700多人，参加了二线兵团，补充到前线主力部队。三年解放战争，有3052名青壮年踊跃参军入伍，其中142人献出了宝贵生命。当时仅有3万多人的兴山市成了煤炭和军工生产的基地，成了培养医务骨干和治疗伤病员的基地，成了新中国电影事业的摇篮，为新中国的诞生做出了巨大贡献。

在这艰苦卓绝、如火如荼的战斗生活中产生了震撼人心的解放区文化。东影在鹤岗还建立了第一支文工团、第一支电影乐团，聚集了一大批优秀的电影人，拍摄的纪录片《民主东北》17辑106本，胶片长23687米，影响全国。马可受到火热生活的感染创作了激动人心的歌曲《咱们工人有力量》，唱响全国。1947年矿务局党委创办了《鹤岗工人》报，及时报道了工人火热的革命激情和众多感人的事迹。2009年韩学敏、桑俊杰创作出版了长篇电视小说《解放区的天》，并拍摄成电视连续剧，从一个侧面反映了那些荡气回肠的史实。多年形成的鹤岗解放区文化是一份最丰厚最珍贵的精神财富。

5　激情燃烧的垦荒文化

19世纪末20世纪初鹤岗地区兴起淘金热并开始放荒拓垦，荒茫的鹤岗大地开始出现近代人文的印迹，这种淘金热和圈地屯垦的现象是鹤岗地域文化形成的初始。

1955 年，以杨华为首的北京青年垦荒队来到萝北并创建了北京青年集体农庄；同年还有天津、河北、哈尔滨、佳木斯等省市青年垦荒队来到萝北。1958 年，中国人民解放军预备一师、预备七师等官兵计 5500 余人转业到鹤岗萝北建立国营农场。青年垦荒队和转业官兵的到来，为鹤岗地区植入了新鲜的城市文化，同时也发展壮大了北大荒特有的屯垦文化。

六七十年代，大批城市知识青年从京、津、沪、浙和黑龙江省各地市来到鹤岗地区的国营农场（生产建设兵团）和农村"上山下乡"，形成了鹤岗地区的"知青文化"。

6 成就辉煌的矿山文化

鹤岗是一个因煤而立、以煤而兴的城市，已有近百年的开发历史。前 30 年是一部煤矿工人的血泪史、斗争史，后 70 年经历了恢复、建设、徘徊、发展等阶段，形成了以爱国主义为核心价值观的资源开发创业文化。矿务局建起了矿史馆、东山万人坑、地质公园等文化设施，编纂了《鹤岗矿务局志》，创办了《鹤岗矿工报》和《金鹤》杂志，网络通信和有线电视迅速普及，文化活动十分活跃。改革开放以来，百万鹤岗人民在市委、市政府的正确领导下，以建设边疆文化强市为目标，鹤岗的矿山文化得以进一步的繁荣和提升。

7　异彩纷呈的民间文学

鹤岗是一个古老的多民族集居地，流传着许多亦真亦幻的民间传说。在长期的生产和生活中，许多民族传说和带有神话色彩的故事，被后人一代代地流传着。有表达对"秃尾巴老李"感恩之情的"黑龙江的传说"，有展现人类战胜动物的"鹤立岗传说"，具有神奇色彩的"金满沟传说"，除此之外，还有"仙鹤的传说""胭脂沟的传说""鱼王庙的传说""寿山屯的传说""龙凤岩的传说""赫里柯与笃斯女""神仙洞观音山的传说"等一些传说。《黑龙江地名传说》收录了鹤岗《笃斯湖》《将军石的来历》等五篇传说。这些扑朔迷离、曲折委婉的动人故事，歌颂了真、善、美，鞭挞了假、丑、恶，为鹤岗这座城市增添了一丝神秘。

8　灿若繁星的文艺明星

文学巨匠丁玲

1958 年，丁玲被打成"右派"，下放到汤原农场劳动改造，同时在夜校当老师，帮助农场职工扫盲。1964～1970 年，丁玲被转移到宝泉岭农场，挂名在职工夜校，实际上是组织家属学习"毛选"。这六年多，她度过了一生中最艰难的岁月，但她留给人的印象却是不计个人恩怨，主动组织家属打扫卫生、清洁厕所、扫大街，热心帮助那些负担较重的家庭，这感动了很多人，消除了人们对她的顾虑，赢得了乡亲们的尊重和爱戴。1981 年，丁玲还专程回到宝泉岭农场探亲访友，重温旧情。1991 年，鹤岗境内建起了普阳农场，并于 2007 年扩建，以表达对情系北大荒的丁玲的深切思念。

相声艺术家姜昆

1950 年生，北京市人。1968 年 1 月下乡到兵团第二师十六团（现鹤岗新华农场）三连当战士、任文艺宣传队队员。1976 年 8 月调中国广播艺术团说唱团工作，成为深受广大观众欢迎的著名相声演员，代表作品有《如此照相》《诗歌与爱情》《虎口遐想》《电梯风波》《特大新闻》《精彩网络》等。他编辑的 200 万字《中国传统相声大全》，成为研究中国相声珍贵的权威性资料，创作的《姜昆相声集》是中国相声人手一册的教科书。现任中国曲艺家协会党组书记、副主席。2003 年被中国文联授予全国"德艺双馨"艺术家光荣称号。

表演艺术家濮存昕

1953 年生，北京市人。1969 在黑龙江省建设兵团二师十五团（今鹤岗宝泉岭农场）插队下乡，1977 年返城入空政话剧团，1986 年调入人民艺术剧院任演员。代表作有话剧《李白》《雷雨》，电影《清凉寺的钟声》《洗澡》，电视剧《英雄无悔》《来来往往》《光荣之旅》等。濮存昕曾两次荣获中国文联、中国戏剧家协会颁发的戏剧梅花奖，中国文化部文华奖；中国广播电影电视总局 2004 年颁发的电影华表奖，多伦多国际电影节大奖。是观众喜爱的著名演员之一。

著名作家张抗抗

1969 年，中学毕业的张抗抗来到鹤立河农场（后并入新华农场），当过农工、制砖工、伐木工、通讯员、场文艺宣传队创作员。八年的北大荒生活坚定了她的文学创作理想，激发了她的创作灵感，1972 年就发表了处女作中篇小说《灯》，作品具有浓郁的知青生活气息，创作才华初露锋芒。随后又陆续有《分界线》《夏》《淡淡的晨雾》等数十篇作品问世。张抗抗对鹤岗这片热土始终深情眷恋，几次专程回农场探望。

歌唱家殷秀梅

著名女高音歌唱家，1956 年 1 月出生于黑龙江鹤岗，国家一级演员，中国音乐家协会理事。1983 年毕业于中央音乐学院歌剧系，获"金唱片奖""神州十二星奖""十大金曲奖""影视歌曲奖""新时期优秀歌曲演唱奖""广播优秀歌曲四十年演唱奖""听众喜爱的歌唱演员"、美声金奖（两次）等。代表作有《我爱你，塞北的雪》《长江之歌》《妈妈教我一支歌》《中国大舞台》等。

民歌演唱家郭颂

1931 年生人，男高音歌唱家、民歌演唱家，辽宁沈阳人，毕业于鹤岗高级职业学校，历任黑龙江省歌舞团独唱演员、团长，中国文联第四届委员，中国音协第三届理事、黑龙江分会副主席，以演唱东北民歌著称，以《新货郎》《乌苏里船歌》等佳作为代表的黑土地民歌，将其歌唱艺术成功地推向了巅峰。

词作家毛撬

毛撬（1937～1986），原名徐传兴，中国音乐家协会会员，中国音乐文学学会理事，中国音乐家协会黑龙江分会理事，鹤岗市音乐工作者协会主席。毛撬自 1951 年发表第一首诗歌《我爱你，红旗》之后，逐渐成为歌词创作名家。仅在 1978 年至 1986 年的 8 年间，他在全国各地发表和演唱的作品就达 400 余首，其中，省级以上获奖的有 30 余首，有 11 首歌曲被灌制了唱片，有近 20 首歌曲被录制了盒式带。他写得最多的是矿工和他所熟悉的北方生活画面，既有饱满的激情，又有较强的艺术魅力和思想深度，代表作是《中国煤矿工人之歌》。

影视明星刘佳

黑龙江鹤岗人，1960 年 10 月 17 日出生，于 1978 年考入北京电影学院，现为中国广播艺术团演员，国家一级演员。1977 年出演反特电影《黑三角》而一举成名，成为那个年代的青春偶像。近年来佳作不断，《家有九凤》《任长霞》《戈壁母亲》《密战》《张小五的春天》等频频面世，迎来了其艺术生涯的又一个高峰。

京剧名家荀慧生的弟子王佩珠

京剧表演艺术家，是我国著名京剧表演艺术家荀慧生的亲收弟子，京剧荀派传人。14 岁登上了上海"天蝉大舞台"演出，是当时国内唯一敢与程砚秋同一戏院演戏的童星，也是鹤岗市本土唯一在中国京剧史上留有影响的京剧表演艺术家。先后主演《红娘》《金玉奴》《晴雯》《红楼二尤》《杜十娘》《金钗记》《花田错》等大量的荀派剧目。曾与著名架子花脸贺永华、老生周啸天、武生王鸣钟合作，演出《武家坡》《玉堂春》等剧目。从事艺术教育工作后在鹤岗市文化局戏曲学校和黑龙江省艺术学校鹤岗分校任教，为学生传授了多出传统和新编剧目。

画虎国手孟祥顺

孟祥顺，号啸林山房主人，1956 年出生于吉林通化，1971年在黑龙江鹤岗矿务局煤矿工作，1984 年进修于中央美术学院国画系。现为中国艺术研究院教授，中华文化画报社社长。中国美术家协会会员，天津大学艺术中心特聘教授，曾赴 12 个国家举办个人画展。孟祥顺由画虎的形貌、神态进而以"虎"这一特定文化意象为原点，深入考察民族文化的精神内核。同时，他以前所未有的超写实艺术手法，创作了一批巨幅狮、虎、人物肖像，以其极具视觉冲击力的震撼人心的艺术效果和深厚的文化内蕴，确立了自己独特的绘画风格和艺术语言，从而在当今画坛获得画虎国手的美誉。2004 年秋季北京当代国画家大型拍卖会荣登前十位，近百件作品被香港苏富比，北京荣宝斋、嘉德、翰海、华辰等拍卖公司拍卖和海内外美术馆、收藏家收藏。

孟祥顺作品

书法家高庆春

高庆春，1966 年 1 月生于黑龙江鹤岗，现供职于中国文联，国家一级美术师，中国书法家协会理事，评审委员会委员，中国书协篆书专业委员会秘书长，中国书协培训中心教授，黑龙江省书协副主席兼秘书长、黑龙江省书协篆刻委员会主任，西泠印社社员。他擅长草书、篆书和篆刻，书法、篆刻作品入选国家级大展 40 余次，获中国书协举办的全国首届正书大展优秀作品奖，1998 首届兰亭奖优秀作品奖。中国文联授予其"全国百杰书法家"称号。

成名于鹤岗的诗人李志

李志，中国作家协会会员，河南省洛阳市文联副主席。李志原是鹤岗 109 队勘探工人，在鹤岗发表第一首诗歌，后成长为著名诗人。作品有《探宝之歌》《火花集》《边疆少年之歌》《会唱歌的鸟》《会飞的孔雀石》《小金人历险记》《宝石与少女》《鸟姑娘的故事》《李志诗文选》（一、二、三卷）等。

曾在鹤岗工作过的著名诗人中流

中流（原名郑存），1928 年 11 月生，国家一级作家。主要作品有：诗集《松花江短笛》《丰收颂》《鹿哨》《枫叶》《北国诗絮》《燃烧的爱》《凝眸》《中流诗歌精选》《月光与花香》《鹤恋》《碧海行踪》《麒麟山的魅力》《金色丰碑》《中流诗选》，散文诗集《爱的花苞》《不死的玫瑰》，散文集《爱的微笑》《美在蕴涵》《思念的海》《走向崇高》《托起明天的太阳》《安重根之歌》等 28 部著作。

青年诗人戈麦

原名褚福军（1967～1991），生于黑龙江萝北，1985年考入北大中文系，在短短的四年内创作出数量惊人的230多首诗歌作品，并且有一些翻译文字、小说创作、理论和许多思想性札记。1989年毕业于北京大学中文系，任外文局中国文学出版社编辑。1991年9月24日，戈麦自沉于北京西郊万泉河，留有诗集《彗星——戈麦诗集》。《戈麦诗选》在2000年出版。

让五星红旗第一次在国际冰坛升起的王金玉

1940年9月出生，黑龙江鹤岗人，中共党员。1956年开始进行速滑训练，1958年在全国速滑比赛中，创1500米、5000米和10000米速滑全国纪录，并获男子速滑个人全能冠军。1959年在苏联六国速滑比赛中获5000米冠军和全能亚军。1963年，在世界锦标赛中，王金玉取得全能第五名，并打破了当时速滑的全能纪录。

鹤岗文化体育界名人还有：影视明星刘之冰，书法家温刚、王保平、尹寿坤，画家孙兆路、杨福镇，音乐人胡力，射击运动员许艳华、单板滑雪U形池运动员刘佳宇、中国短道速滑队教练李琰，等等。

9　民间技艺

传承80年的酿酒技艺

龙江酒业的传统酿造技艺是鹤岗市传统酒生产的代表性技

术工艺，有 80 余年的传承史，是我国东北地区原始酿酒的代表技艺。高绪丰，1912 年生于山东蓬莱，曾随当时佳木斯的名酒师李福生学徒。1949 年末到鹤岗的兴山义兴源烧锅做酒师。1950 年公私合营后，任鹤岗白酒厂酒师，1976 年退休。他的酿酒技术和生产工艺传给了李殿臣及其女儿李井凤，该传统酿酒技艺到现在已经传承了四代人，是真实的地域性土著技术。2011 年 1 月龙江酒业的传统酿造技艺被列为市级非物质文化遗产保护名录。

百年相承的祖传剪纸

石淑珍，1958 年生于哈尔滨，1980 年考入鹤岗市师范学校，1982 年毕业分配到鹤岗市南山小学任美术教师。从 1870 年至今，她家的祖传剪纸已传承 140 年，是百年相传的民间美术技艺，到石淑珍这一代已是第四代了。早期剪纸多以生活用纸为材料，如黄草纸、窗户纸及后来的大红纸、牛皮纸、各种包装纸、各种旧书皮纸等。石淑珍家传的剪纸薰画是我国民间的土著文化代表。在创作主题内容方面，石家剪纸多以民间传说、民间故事、民间文学等入题进行创作。近年来的代表作有《金陵十二钗》12 幅套，《一百单八将》一套，巨幅作品 25 米长的剪纸《清明上河图》等。石淑珍祖传剪纸已列入鹤岗市非物质文化遗产保护名录。

独具特色的现代煤雕

煤雕是现在鹤岗地方具有品牌性的新兴工艺品，是一种新出现的民间文化产品。煤雕选用优质煤精，用现代工艺精心加工而成，色泽黝黑而柔润，坚硬而不酥脆，极具地方特色。煤雕根据题材的要求，或大刀阔斧，粗犷有力，或刀法细腻，精雕细琢。作品真实生动，神形兼备，于古朴中见风雅，于沉稳中显灵秀，构思巧妙，设计新颖，题材丰富，雕工精湛，形成了独具特色的乌金艺术品。鹤岗煤雕爱好者鄢德明的作品包含了中国传统文化的元素，也富有现代文化气息，小到案头摆件，大到两米多高的"关公"，上百公斤的"白菜（聚百财）"，不仅从根本上改变了煤炭"傻、大、黑、粗"的形象，让其步入了艺术殿堂，更成为一种城市文化符号。

白菜（煤雕）

活性炭环保装饰画

环保装饰画是用活性炭作为主要创作原料代替传统的墨汁和颜料创作的书画作品。活性炭是一种强吸附剂，经过高科技的活化处理，可以用于装修去味，吸附甲醛、苯、氨等有害气体，净化室内空气，保护人体健康。鹤岗市民郭凤勋经过多年探索，创造了一种利用活性炭粉制作的装饰画，并获得了国家专利认证，是鹤岗旅游业指定纪念品。

10 北方特色民俗

除病驱邪萨满舞

萨满信仰是满族民间最重要的信仰形式，萨满沟通人神两界，有着非同一般的神秘色彩。满族的萨满分为两种，一种是氏族萨满，也叫家萨满；一种是职业萨满，也称野萨满。为崇信者除病驱邪的主要是野萨满，萨满行祭时要跳太平神或家神，俗称跳大神。野萨满跳神时法衣、法器俱全，身戴腰铃，手持神鼓敲击。舞蹈模拟各种动物跑动飞翔的姿态，以示各种神灵附体。

冰上打滚驱百病

每年正月十五，居于黑龙江江畔的群众都会跑到封冻的江面上滚上几圈，传说可以祛病辟邪。因此，这里的人们又把元宵节称作"滚冰节"。"滚冰"即"滚病"，现已成为当地一种独特的习俗，并延续至今。这里的滚冰节，已经演变成当地群众的狂欢节日，每到这一晚，从萝北县肇兴到名山绵延十几公里的江面上，烟花升腾、灯火通明、人头攒动、蔚为壮观。

萝北中俄犹戏水狂欢节

这是黑龙江沿岸古已有之的群众活动。每年7月16日的"中国·萝北中俄犹国际戏水狂欢节"精彩纷呈，以"水中游、唱大戏、赶庙会、登高山、赛诗歌"等形式，开展水上球赛、水上拔河、百人畅游龙江、中俄女子游泳表演及沙滩赛事等活动，举办俄罗斯工艺品、小商品展销、绿色食品、山产品、矿产品、黑龙江珍稀鱼类标本、矿石、江石展览等，节会内容十分丰富。

凿冰窟窿捕江鱼

冬季凿"冰窟窿"捕鱼，在关东有悠久的历史。渔民有的在冰下撒网捕鱼，有的在冰下放置诱鱼器具，定期砸冰来取。"冰上钓鱼单线拽"是老关东人根据个人的经验，凿开冰面，将鱼线、鱼钩和鱼饵放到冰面上，根据每根线的颤动情况来判断是否有鱼上钩。江上冬捕，钓上来的都是大鱼，渔民每每收获颇丰。

抓嘎啦哈

抓嘎啦哈曾经是东北地区汉、满、蒙等民族比较流行的，具有游猎生活遗风的民间游戏。嘎啦哈为满语发音，是一种用猪、牛、羊的蹄骨和一个布面内装粮食或者沙子的口袋来进行的一种游戏，口袋上抛过程中，以手翻动和抓取嘎啦哈的多少，同时接住下落的口袋为胜负标准，骨头四面都有不同的累计标准，花样繁多，乐趣无穷，是北方进入冬季后室内活动中多人参与的重要娱乐活动之一。

年节喜庆吃豆包

"腊月到，蒸豆包，热气冒，香味飘"，说的就是东北的黏豆包。黏豆包是用大黄米（学名糜子）面作皮，包上豆馅做成，外形酷似元宵，大小如鸡蛋，色金黄，有黏度，象征小日子团圆美满，所以过年时家家都要蒸上几锅。吃黏豆包主要来源于满族人的饮食习俗，有春吃豆面饽饽、夏吃苏叶饽饽、秋冬吃年糕饽饽的习俗。

生吃鲜鱼味不赖

杀生鱼又叫"塔尔卡"或"塔拉哈"，是赫哲人饮酒时不可缺少的佳肴美馔，也是一道东北名菜。做法是取最新鲜的鱼，片肉成丝，拌以葱丝、野辣椒或野韭菜，就成了一道少有的美味。食之，原始味道油然而生。

家家户户有酱缸

东北人的家，特别是农村，过去家家门前或小院里都有一个大酱缸，酱缸都是附近瓦窑烧制的，酱缸口用白布或者豆腐布盖着，边角系上红布条和螺丝帽，最后用"酱缸帽子"（苇子编制，形状和过去土改地主头上戴的尖顶纸糊帽子一样）盖上。东北的大酱在制作过程中，从选料、烀豆、做成酱块子、存放、下酱、打酱缸等，都有很多细节的讲究。每家做的酱都不一样，几乎一个人做酱一个味儿，但共同的特点正如童谣唱的那样，"烀黄豆，摔成方，缸里窨成百世香；蘸青菜，调菜汤，捞上一匙油汪汪"。大酱在东北人的餐桌上是必不可少的，干豆腐卷大葱蘸大酱、大酱炖豆腐、大酱炖小鱼、酱炖茄子、酱炒角瓜片、酱炒小青菜、婆婆丁蘸大酱等等，让人吃得赞不绝口。如今的东北农村，家家还都下酱，每家都有用来下酱的大缸。

五　自然和人文景观

1 自然景观

世界第一界江黑龙江

黑龙江是世界第一界江，中国第三大江。因水色清黑，水流湍急，奔腾而下宛如蛟龙，得名黑龙江。黑龙江全长4370公里，流域面积184.3万平方公里，冰冻期长达6个月，流域内蕴藏丰富的森林及黄金、煤炭、石墨等矿藏。鹤岗辖区黑龙江段北起嘉荫河口，沿东部边界向南流至鸭蛋河口，又向东流至三江口黑、松两江汇合出境，全长235公里，水面宽1~2公里，嘉荫河口至鸭蛋河口江段江面狭窄，最窄处为600米。黑龙江在鹤岗辖区的一级支流有嘉荫河、鸭蛋河、松花江、七里信河、高力河、蜿蜒河、圈河、小黑河、江岔子河、三道沟河等，二级、三级支流难以尽数。黑龙江水系盛产鱼类多达16科近百种，鲟鱼、鳇鱼和鲑鱼驰名中外，最为名贵，很早就成为贡品。

"三花五罗"在民间久负盛名。黑龙江是世界上少有的未被污染的大江，一年四季分明，景色不同。春季壮观雄浑，夏季清幽恬静，秋季艳丽多姿，冬季素雅晶莹，其古朴的原生态自然景观和独特的界江文化让鹤岗蜚声中外。

黑龙江

神秘幽美的龙江三峡

龙江三峡坐落在鹤岗域内，系因黑龙江水在此将内外兴安岭拦腰斩断而成。龙江三峡西起嘉荫河口，东至太平沟兴东滚突岭山下，水路全长 45 公里。在这里，黑龙江水将内外兴安岭一分为二，形成了山高流急的三段峡谷——龙门峡、金龙峡、金满峡。在金龙峡中，又内含龙头峡、龙腾峡、龙凤峡三段峡谷，由此组成了"大峡套小峡，峡中有峡，峡峡相连"

的奇特风光。三峡两岸奇峰异石，峦翠林丰，景色壮观。龙江三峡是国内唯一的界江大峡谷，水光山色，江峦互映，游一江春水可览中俄犹两国三域风情，被认为具有长江的风光、漓江的秀色、岷江的磅礴，是黑龙江风景线上最为奇观、最为秀美、最为独特的自然山水画廊。

龙江三峡——金满峡

幽深绵延的兴龙峡谷

兴龙峡谷是小兴安岭和黑龙江交汇而成的峡谷，形成一阴一阳、山中有水、水中映山、山水合一的神奇景观。兴龙峡谷全长4公里，海拔高度近400米。上起滚兔岭顶峰，下至兴龙峡谷入黑龙江口。兴龙峡谷原名"采金一道沟"，因其在小兴安岭余脉、黑龙江边，故又叫兴龙峡谷山。兴龙峡谷山高林密，云蒸霞蔚，雾气弥漫。站在山顶，只见白云在脚下流动，在山间缭绕，让人感觉仿佛置身空中，或居仙境，妙不可言。这里原始自然生态保存完好，洞深林密，谷内有小兴安岭最全的树种和植被，仅树木就有 300 多种，几乎囊括了东北山区所有的品种。兴龙峡谷空气新鲜纯净，是平原地区平均含氧量的 10 倍以上，有地下森林氧吧之称。

女真乌春部居地梧桐河

梧桐河是鹤岗境内第一大河流，是松花江一个主要支流，全长 184.1 公里，由八条一级支流和若干条二、三级支流构成一个庞大水系，流域面积 4565 平方公里，贯穿整个鹤岗区域。梧桐河是鹤岗历史的摇篮，早在原始社会末期就有人类的祖先在沿河生息，在许多已发现的遗址中，挖掘出新石器时代先民使用过的多种石器和陶片。辽金时期，梧桐河流域为生女真乌春部居住地。梧桐河是女真乌屯河的音转，意为"木槽子"。"乌屯"是女真语"乌春"的谐音，本为女真乌春部落的名称和姓氏。

观都金潮的发源地都鲁河

都鲁河位于鹤岗市萝北县，是松花江一级支流，发源于大金顶子山东侧与横道岭南麓之间，古代先民在这里繁衍生息，孕育了都鲁河古代文明。清代，都鲁河各支流河床蕴藏着丰富的金矿，光绪二十二年（1896），黑龙江将军恩泽受朝廷之命着手筹备都鲁河金矿，由北洋大臣李鸿章委任曹廷杰为督办。1896 年 8 月 17 日，都鲁河金矿举行了隆重的开工仪式，正式拉开了大规模开发的序幕。民国 2 年（1913），都鲁河金矿与观音山金矿合并，改名观都金矿局，由都鲁河、嘉荫河、乌拉嘎河、结烈河和乌云河构成的大矿区，形成一个驰名中外的"观都金潮"。

九曲都鲁河

名字被误传的鸭蛋河

鸭蛋河位于鹤岗萝北县中部，是黑龙江的支流，全长95公里，河宽5~10米，水深1~5米，流域面积606平方公里。鸭蛋河在《金史》中称"雅挞澜水"，又称"三坦水""缠坦水"，明代称"集达河"，清初称"鸡坛河"，清末称"获台河"。清末民初萝北开始将土地丈量放荒时，将鹤岗地区的土地划分为梧字段、萝字段、鲁字段等。放荒委员范庆峰称今鸭蛋河一带为"雅段"，是"雅挞澜水段"的简称，可是认领的垦荒户听成了"鸭蛋"。"雅段"老百姓感到费解，而鸭蛋河比较通俗好记，加之河两岸水草丰茂，每年春季野鸭繁殖期，鸭蛋俯拾即是，就顺理成章地称之为鸭蛋河了。于是，口耳相传、约定俗成。据《金史》记载，鸭蛋河流域曾是女真完颜部的活动区域。

桶子沟原始森林植物园

桶子沟原始森林植物园是我国天然林场之一，总面积

1.68 万公顷，主景区面积 58 公顷。景区内林海苍翠，古木参天，古树平均树龄为 160 年左右，有 300 年的大青杨树王和千年红松树王，棕黑熊、罕达犴等珍奇动物时常可见，猴头、山参、松子等山产品和中药材俯仰皆是。游人置身原始森林，听松涛阵阵、小溪叮咚，融于大自然的怀抱，令人陶醉。

霸王树

鹤北联营红松原始森林保护区

鹤北联营原始红松森林占地面积 11868 公顷，是亚洲第二大红松母树林，是红松的故乡，每棵红松都需要几个人才能环抱，最长的树龄近千年，至今仍保持着原始的动植物群落。以联营红松森林为基地的"红松林国家森林公园"春季山花烂漫，鸟语花香；夏季绿树成荫，凉爽宜人；秋季满山红叶，层林尽染；冬季苍松负晶，白雪皑皑，还有景色壮观的大冰凌、雾凇、树挂等冬季神奇的景色。公园内大小景观 26 处，特别是富有传奇色彩的仙人洞、一线天、观音山、胭脂沟、地下湖等景观，都令人们流连忘返。2004 年，红松林国家森林公园被评定为国家 AAA 级旅游区。

广袤的都鲁河湿地

都鲁河湿地位于萝北县南部团结镇都鲁河村，是松花江支流都鲁河流域和梧桐河流域形成的沼泽区，湿地面积近 200 平方公里。该保护区地势低洼，泡泽相连，苇草丛生，是我国北方三大水禽栖息地之一和候鸟迁徙坐标区，是丹顶鹤、白鹤、黑白天鹅的故乡。每年春秋两季，从南方飞来和飞回南方的水鸟，必须首先找到这里落脚，保护区中的老等山、月牙泡、老等泡等地，每逢春夏早秋季节，成千上万的鹤类、鹭类、鹳类、雁类、鸭类等百余种水禽在此繁衍生息。

都鲁河湿地

百鸟聚集的两江湿地

绥滨两江湿地即绥滨县境内的黑龙江和松花江两江之间的湿地，面积达 80 多公顷。绥滨两江湿地分布有河流、湖泊、沼泽、草甸等多种类型湿地，大部分地貌保持原生态，是黑龙江保护较好的生态地区之一。两江湿地现已成为百鸟聚集的栖息地，这里有国家一级重点保护鸟类 3 种，东方白鹳、金雕和丹顶鹤。国家二级保护鸟类 31 种，省重点保护鸟类 26 种，省一般保护鸟类 151 种，中日候鸟保护协会的保护鸟类 139 种，中澳候鸟保护协会的保护鸟类 37 种。

龙江明珠名山岛

名山岛位于黑龙江中，与俄罗斯犹太自治州隔江相望，是中华民族、俄罗斯民族、犹太民族交流文化与感情的场所，集合了界江两岸三地的美景，书写了三大民族相聚的奇缘。名山岛东西长 3000 米，南北长 250 米，面积为 0.45 平方公里，呈纺锤状。她紧临国界线，又处在大江之中，南侧距江岸 200 米，北面与俄罗斯江岸相距 1000 米。小岛天然无饰，四周碧水环绕，岛上的原始珍奇树种"三大硬阔"保护完好。水曲柳、胡桃楸、黄菠萝、桦树、杨树、榆树、柳树等各种树木遮天蔽日，形态各异。林下的灌木丛中，山葡萄缠绕，一派质朴粗犷、天然成趣的自然生态景观。建有空中游乐园、江上天然浴场和黑龙江流域博物馆三大功能区，空中栈道、"树上人家"、"水上人家"、音乐广场等景点极富游乐性、趣味性，2011 年名山岛被评为国家 AAAA 级旅游风景区。

生态优美月牙湖

月牙湖位于绥滨县北 50 公里左右的黑龙江边上，是国家级生态示范区和两江湿地自然保护区的一部分。月牙湖形似月牙又如弯弓，湖长约 1500 多米，最宽处达 300 余米，水域面积 40 多公顷。月牙湖的周围生长着一搂多粗的老柞树，虬枝横逸。林间和湿地里，遍地都是茂密的野生花草、芦苇、塔头墩和被称为东北三宝之一的靰鞡草。盛夏，各种野花争奇斗艳，莺飞燕舞，鸟语花香，让人神清气爽。月牙湖水清澈见底，鱼类丰富，不仅有黑龙江里的"三花""五罗"，还有罕见的草根、川丁子和七里浮子等细鳞鱼类。建有北方古代民族风情园，再现北方古代各民族的建筑、饮食、风俗等情景。2012 年，月牙湖被评为国家 AAAA 级旅游景区。

金顶山石林奇观

金顶山为小兴安岭的余脉，主峰海拔 848 米，相对高差500 余米。因太阳落山之时的最后一抹余晖总能抛洒主峰之上，故称"金顶山"。金顶山主峰分为大金顶和小金顶，被当地人称为"天外二峰"，因气候差异形成的"云金顶""雨金顶""雾金顶""冰金顶"给人以仙境美感。金顶山有 3 亿年前的石林地质奇观，五条石林带总长 3080 米，在数以万计的百岁红松掩映下，厚重的蜿蜒如长城，张扬的腾飞如巨龙，巧夺天工，妙趣横生，被称为"北方的石林奇观"。

金顶山石峰

2 人文景观

老君堂

　　原称老君庙。早在鹤岗煤矿开发之初的民国 5 年 (1916)，兴华煤矿公司的柜头们，按着凡是开矿都要尊崇开山老祖太上老君，并建庙宇以奉祀的传统，在鹤岗最早的矿井——南二槽西北处用石头砌了座老君堂，内设太上老君的木牌位。1929 年在西山新建一座三清殿堂，坐北朝南，内祀"虚无自然三清教主"原始天尊、太上老君、太上道君三尊神像，为道观。1936 年春，扩建兴山镇老君堂。将原三清殿翻建扩大，相继又建起关岳殿、钟楼、鼓楼、瘟神祠、纯阳祠、东西配殿等。老君堂从此由过去单一的小庙扩大为具有相当规模的道家观院。老君堂道院是当年鹤岗地区的大庄园，置地千余垧，南岗、宝泉岭都有它的土地，皆雇农民耕种。至 1948 年秋，老君堂道士全被清出，各殿、祠中的神像及木牌位全部被毁掉。1969 年，老君堂建筑群被拆毁。如今只有老君堂庙牌及后殿、中殿还依稀尚存，原貌已不复存在。

传说悠久的将军石山庄

将军石山庄始建于 1986 年，总面积为 480 公顷，主要由将军石山和阿凌达湖两个自然风景区组成，将军石山、棋盘山扼守山庄南北，形成两道绿色屏障，截饮马河、阿凌达河支流而成阿凌达湖。其名源于将军石。据《清太祖武皇帝实录》卷二及《满文老档》记载，明万历四十四年（1616）秋，清太祖努尔哈赤命扈尔汉和安费扬古二将军在将军石山密林造船二百余艘，分水陆两军共两千余人沿阿凌达河南下，统一了东北女真各部，为纪念这一重大历史事件，人们称此山为将军山，称山上的大石为将军石。将军石山山高石险，阿凌达湖水清湖秀。2005 年 12 月将军石山庄被评为国家 AAA 级旅游区。

太平沟黄金古镇

太平沟黄金古镇建于 2000 年，位于鹤岗市萝北县太平沟乡黑龙江畔，晚清观都金矿局原址上。太平沟自古以来盛产黄金，与美国西部淘金热齐名的中国历史上的"观都金潮"（观音山—都鲁河）就源于此。古镇依据历史和民间传说建成，全部房屋建筑采用硅石和木料，古色古香，错落有致，建有豆腐坊、烧酒坊、大烟馆、饭馆、大车店等古建筑，还有国内唯一可以亲身参与的淘金体验区，再现了清末民初时期太平沟"十里长街，百户商号，千家灯火，万两黄金"的繁华景象。

太平沟黄金古镇景区大门

名山犹太风情小镇

小镇建于 2011 年，位于鹤岗市萝北县名山镇黑龙江畔，与对岸的俄罗斯犹太自治州遥相呼应，核心景区大卫广场的中心为主题雕塑塔，塔四周雕刻着犹太民族独有的符号，淋漓尽致地展示出犹太文化，广场周边建有犹太教堂、犹太会馆等异域风情建筑群，特别是建有犹太人家木屋群，35 栋木屋内部装饰采用了具有浓厚犹太宗教色彩的油画、经卷及其他饰品，洋溢着浓郁的犹太民俗风情，体现了鹤岗多文化交融的地域特色。

尚志公园和尚志广场

尚志公园位于宝泉岭农垦管理局，因纪念在鹤岗殉难的抗

犹太人家木屋群

联总司令赵尚志将军而命名，始建于 1987 年，占地 123 公顷，赵尚志烈士纪念碑和赵尚志将军纪念馆坐落在公园的苍松翠柏之间，纪念馆建筑面积 400 平方米，馆内有雕像、照片、图画、文字、实物等物品，再现了民族英雄赵尚志的英雄事迹。尚志广场位于鹤北林业局，2007 年竣工，占地面积 4 万余平方米，34 棵青松环抱中的赵尚志铜像系由青铜制造，通体呈棕色，重达 2 吨，高 3.6 米。广场东侧和北侧的艺术碑林是一道独特的人文景观，这里有毛泽东诗词手迹，有老将军、老革命家及书法名家的题词，据说是全国最大的毛泽东手迹碑林。

鹤岗国家矿山公园

鹤岗国家矿山公园建于 2005 年，2009 年正式开园接待游人，是全国首批 28 个国家级矿山公园之一，总面积 665.72 公顷，以保护矿山遗迹、弘扬矿山文化、开发旅游资源为宗旨，以新岭煤矿北露天坑遗址、益新煤矿、狼窝"二战"展览馆、

赵尚志将军纪念碑

鹤矿集团矿史馆（东山万人坑）为依托，全面展示鹤岗矿山百年的沧桑历史以及独特的矿山文化。核心景区新岭煤矿北露天坑遗址长3100米，宽1100米，最大坑深130米，占地面积341公顷，地质剖面大，地层、矿床、褶皱、断层等地质现象国内罕见。

古朴淳厚的细鳞河民俗风情园

细鳞河民俗风情园是鹤岗国家森林公园的主景区，景区面积163公顷，自然生态原始、粗犷，是国家AAA级旅游景区。细鳞河民俗风情园始建于2002年4月，建有傣家迎宾楼、傣家歌舞楼、摩梭风情寨、情侣岛、绿野山庄、俄罗斯别墅、荷兰

鹤岗国家矿山公园

林苑、朝鲜万寿居、蒙古包、美国西部庄园、渔香舫、美国白宫、日本桂离宫、荷兰风车、新西兰毛利草屋、非洲部落、北欧别墅、复活节岛、仿古木长城、龙泉山庄、民族林、十二生肖广场、空中别墅等23处景点集中西建筑风格于一体，熔众多民俗文化于一炉，博采国内外园林建筑之异彩，规模庞大，气势恢宏。

黑龙江流域博物馆

黑龙江流域博物馆坐落于国家 AAAA 级旅游风景区萝北县名山岛上，始建于 2008 年 3 月，2009 年 8 月全面对外开放。展馆占地面积 1.8 万平方米，建筑面积 6399 平方米，由自然馆、历史文明馆和民俗风情馆三个单体馆组成，各馆之间用空中栈道连接，从空中鸟瞰，三个馆首尾相连的形状，犹如一条腾飞的"龙"。该馆是全国唯——家全方位展示黑龙江流域自然、历史、民俗文化的综合性博物馆。馆内展出文物、标本、实物4000余件，采用声、光、电等高科技模拟场景，形象逼真，使人身临其境。

黑龙江流域博物馆——古生物展厅

鹤岗市博物馆

鹤岗市博物馆于2007年正式批准成立，2010年12月8日，被黑龙江省委、黑龙江省人民省政府命名为省级爱国主义教育基地。2011年，鹤岗市委市政府决定异地扩建市博物馆，新馆总占地面积约5.2万平方米、总建筑面积约为1.3万平方米，项目总投资8000万元，主体三层。内设序厅、展厅、临时展厅、多媒体展厅、珍品库房、会议厅、贵宾厅及服务区等，功能齐全，设施完备。建成后的鹤岗博物馆将成为集反映城市历史、人文、自然为一体的综合性博物馆，免费向公众开放。

鹤岗市博物馆

鹤岗城市规划展馆

城市规划展馆建于 2013 年，面积 3000 平方米，共有八个主题展区，重点展示鹤岗"城市总体规划"的演进和变迁，以及近年来实施"五大城市发展战略"的成就和愿景，是城市规划宣传和教育的重要阵地，既能激发鹤岗人热爱家乡、建设家园的热情，也为城市营销提供了良好的平台。

鹤矿集团矿史馆

龙煤鹤矿集团矿史馆于 2003 年 6 月开馆，是在"东山万人坑"原址上扩建而成的，总占地面积 15000 平方米，其中展厅面积 1650 平方米，馆内有各种图 301 幅，日伪时期文物 52 件。该馆由纪念厅（东山万人坑）、主展厅（矿史馆，又称发展厅）、东侧厅（煤炭科技馆）、西侧厅（矿区模型室）四个部分组成，以翔实的史料和生动的实物，再现了旧社会的苦难史，书写了几代矿工"特别能战斗"的可歌可泣的创业史，展示了矿山煤炭科技进步的发展史，描绘了一幅百年沧桑巨变的壮丽画卷。2005 年鹤矿集团矿史馆被列为黑龙江省爱国主义教育基地，2008 年被命名为全省工业旅游示范点。

大荒情纪念馆

大荒情纪念馆建于 2000 年，位于鹤岗域内的宝泉岭农场管理局，馆内记载了 20 世纪 50 年代 10 万转业官兵开垦北大荒的光荣历史，记载了六七十年代百万知青上山下乡在北大荒奉献青春年华的足迹，在这里不仅可以使拓荒者在故地重游时追忆那令人震撼的光阴，还可使他们的子孙后代重觅父辈的行踪、品味人生的甘苦。

三宝寺

三宝寺位于鹤岗市鹿林山，占地面积约 10 万平方米，始建于 1990 年 4 月 17 日，现仍在建设中，就其规模来说是国内少有的比丘尼寺院。最高处是大雄宝殿，殿内供奉的是如来佛祖、文殊菩萨、普贤菩萨、十八罗汉、观世音菩萨，佛像气势雄伟、庄严、神圣。目前正在筹建三圣殿和塔高 108 米的佛光宝塔。

北普陀寺

鹤岗北普陀寺位于鹤岗市南山区，是中国东南西北中五方普陀中的北普陀寺，始建于 1996 年，占地 9200 平方米，已建成山门、大雄宝殿、藏经楼、地藏庙和观音庙。其中大雄宝殿占地 700 多平方米，高 15 米，每次可容纳千人做法会。2009 年 9 月 20 日，北普陀寺举行了世界和平吉祥塔暨玉佛开光法会。

六 现代风貌

改革开放以来，鹤岗这座煤炭工业城市迅速成长为综合性工业城市。特别是 2008 年以来，始终坚持"第一要务抓发展，第一举措上项目，第一目标惠民生，第一保障抓党建"，大力弘扬"坚守、融合、实干、创新、超越"的城市精神，时任市长张雨浦提出并实施了"8528"城市发展战略、"南兴、北开、东治、西拓、中升"城市建设五大战略以及"两城两带十大园区"产业园区战略，全力推进以十大产业项目建设工程、十大城建工程、十大民生工程、八项党建工程为主要的"四个工程"体系，使经济社会实现了又好又快、更好更快发展。

1 城市转型

建市之初，全市工业企业职工不足 200 人、资产不过 4 万元、产值仅 15 万元，只有处于作坊式生产经营的 8 户小工厂。自苏联援建的"一五"三大项目建成投产，鹤岗逐步形成了

2009 年，时任市长张雨浦在政府工作
报告中提出"城市建设五大战略"

以煤炭采掘业为主的产业结构，地方工业也按照"三就四为"
的方针，配合矿山经济逐步构建起来。随着时间的推移，曾经
承载光荣的煤炭采掘一产一业的弊端逐步显现，至 20 世纪 90
年代中期，因为煤炭市场急剧下滑，鹤岗经济迎来了改革开放
以来第一次最为动荡的时期。从那时起，不甘落后、勇于奋进
的鹤岗人民就开始了城市转型的探索。1998 年，中共鹤岗市

委八届八次全会召开，确立了"立足煤炭、突出化工、快上电力、综合发展"的产业调整思路，鹤岗人开始以自己的视角来谋划家乡的发展，这是鹤岗转型的探索阶段；2003 年，国家开始实施东北老工业基地振兴战略，鹤岗借此时机，确立了"两大基地六大产业""两先两地""九个发展九个转型"等转型构想，这是鹤岗转型的提升阶段；2008 年，时任市长张雨浦又提出并实施了"五先一创建一全力"的转型思路，按照这一思路，近年来，鹤岗市始终坚持"依托煤、延伸煤、不唯煤、增非煤"，实施"一产做强、二产做精、三产做大、新老资源产业链做长"的"四轮驱动"复合式转型模式，经济转型、生态转型、文化转型、社会转型、机制转型的"五位一体"转型格局初步形成，全力做强煤电化工、绿色食品、高端石墨三大主导产业，扶壮林木深加工、装备制造、生物制药、新型建材四大支柱产业，培育生态旅游、文化创意、现代服务三大新兴产业，这是鹤岗城市转型的高潮阶段。从最初的产业结构调整到今天的"五位一体"转型格局和"四轮驱动"转型模式的确立，鹤岗人用 15 年时间开启了加快发展的新历程。

十大产业加快推进

煤电化工产业   2011～2013 年，三年建设的项目数量和投资总额超过改革开放 30 年的总和，全部投产后相当于再造一个鹤岗经济。2011、2012 年连续两年，鹤岗产业项目投资占固定资产投资的比重位居黑龙江省地市首位，并连续两年获得黑龙江省"重点产业项目推进工作一等奖"。投资 42.5 亿元的中海油60万吨化肥项目、投资20.5亿元的征楠煤化工项目、投资28亿元的龙嘉220万吨焦化综合利用项目、投资10亿元的天富天然气综合利用项目、投资60亿元的100万千瓦矸石发电项目等20多个"百万级"资源深加工项目均已开工或建成，这些项目的产能或加工深度、技术含量，均居黑龙江省前两位，有的居东北三省乃至全国首位。煤焦化及副产品加工利用、煤制化肥、煤制烯烃等3条煤炭深加工产业链不断延伸。即将或已经形成2000万吨洗煤能力、400万吨煤制焦化能力、400万千瓦煤转电能力、156万吨煤制化肥能力、100万吨复合肥能力、30万吨焦油能力、5万吨粗苯能力、20万吨焦炉煤气产能。

绿色食品产业 以家富养殖屠宰为龙头的230万头生猪屠宰加工，以宝局白羽肉鸡为龙头的1.2亿只肉鸡养殖加工，以完达山东方为龙头的865吨/日鲜奶处理，以兴汇集团为龙头的100万吨玉米加工等百万吨级项目建成或在建。2012年，生猪、奶牛、肉牛、山绵羊和家禽饲养量分别为95.5万头、2.4万头、2.1万头、7.4万头和413万只。全市有机、绿色、无公害食品标识达到273个，年产值100亿元。"龙水""实实""梧桐""稻园"成为中国驰名商标，实现零的突破，省级著名商标产品由10个增加到28个，拥有宝泉豆瓣酱、世达收割机等30余个名优特产品。2013年，鹤岗被授予"中国稻米加工强市"称号。

高端石墨产业 鹤岗石墨资源探明储量为6亿吨，居亚洲第一。目前，选矿能力占全国1/3，石墨精粉出口量占全国

1/2，深加工及开采企业达到 26 户，举办了首届国际石墨高峰论坛，建成国家级石墨检验检测分中心，国家级煤焦化和石墨重点实验室通过国家质检总局验收，被省人社厅确定为黑龙江省博士后创新创业实践基地。正在打造 5 条石墨深加工产业链。2013 年，鹤岗被认证为"中国石墨之都"。

鹤岗石墨产业园区鸟瞰

　　林木深加工产业　以引进大企业、实现深加工为主攻方向，积极与双叶等国内知名木制品加工龙头企业开展合作，推进翔鹤、富鑫、广亿等木材深加工项目建设，生产的高档实木家具、实木门等产品远销俄罗斯和日韩等国。

　　装备制造产业　以打造现代机械装备制造产业体系为主攻方向，建设世达联合收割机、龙跃玉米剥皮机、华生矿用救生舱等一批拥有国家专利技术的项目。

　　生物制药产业　以提升企业效益、壮大产业规模为主攻方向，医药以三精千鹤、双兰星为龙头，开发了清开灵分散片、逐瘀通脉胶囊等高新技术产品；农药以旭祥农药、清华紫光农化为龙头，开发的乙嘧酚、杀虫畏等产品出口多个国家；生物产业以万禾园油脂、康维生物为龙头，开发了维生素 E、糠馏醇、草菌系列功能调味品等产品。

新型建材产业 以节能环保、高效低耗为主攻方向，推进鑫塔百万吨水泥、成金矸石砖、神华节能墙体材料、天鼎瓦楞纸箱等循环经济项目建设。鑫塔水泥生产工艺处于全国同行业先进水平，中岩特种建材抗裂合材料被联合国确定为永续性环保项目。

生态旅游产业 利用被列为国家"大小兴安岭生态功能区""蒙东沿边经济开放带"和黑龙江省"两大平原农业综合开发试验区""北国风光特色旅游开发区""界江旅游龙头"的战略机遇，新建或改扩建了20大景区和47个景点。自2010年开始已举办三届的"中俄国际界江旅游节"成为黑龙江对俄边境线上最盛大的边民互动节会。鹤岗无愧"中国最佳山水旅游胜地""黑龙江省最具潜力旅游发展城市"的美誉。

文化创意产业 围绕提升社会文明程度和城市文化实力，培育新兴文化业态，初步建立起门类较为齐全的文化产业群体，涌现出一批优秀文化产业人才和特色文化企业，推出大型史诗歌舞剧《龙在北方》《寻梦女真》，电视连续剧《解放区的天》《我的生命曾为你燃烧》等一批文艺作品，煤雕、石墨雕、活性炭画等文化产品闻名遐迩，"界江文化旅游集合区"被列入黑龙江省"十二五"重点文化产业项目。

现代服务产业 上海红星美凯龙、香港七彩灯饰、吉林温馨鸟相继落户鹤岗，14万平方米城市综合体比优特时代广场、4.2万平方米的凤翔国际购物广场已经建成，中茵、大商城市经济综合体正在建设，新型商业业态发展实现历史性突破。与

大型史诗歌舞剧《寻梦女真》

2 家政策性银行、4 家商业银行和 1 家风投公司构建了"7 +
1"金融合作框架，融资 1000 亿元，2012 年鹤岗被评为"中
国金融生态城市"。

"两城两带十大园区"支撑发展

2011 年，时任市长张雨浦提出"产城共建、产城一体"，
积极打造"两城两带十大园区"。"两城"就是规划建设了 100
平方公里的"鹤南新型工业城"，作为鹤岗的主体工业聚集区
和新的增长极；规划建设了 476 公顷的"云山石墨产业城"，
推动实现了石墨精深加工产业的集聚效应。"两带"就是东宝
鹤萝绥产业带、黑龙江沿江绿色产业带，重点推进矿产资源、
绿色农业、特色旅游、对俄经贸的综合开发开放。其中，"东
宝鹤萝绥"产业带已被国家发改委确定为"大小兴安岭林区

生态保护与经济转型接替产业集聚区"。在十大重点园区中，鹤岗循环经济产业园被确定为"省市共建园区"，东山园区成为农业部、国台办批准的"台湾农民创业园"，南山园区被国家振兴东北办批准为"再就业产业聚集区"。特别是，针对长期以来经济粗放增长的实际，筹集资金建成了省级高新技术开发区，省级以上高新技术企业达到 18 家，组建了国家或省级煤化工、腐殖酸、石墨、水稻综合利用等 7 个工程技术研究中心，科技进步对经济增长的贡献率达到 31%。

2 城市建设

建市 68 年来，鹤岗人民辛勤地建设着自己的家园。建市初期，全市只有四条沙土路、一个小电厂和一处水源，流传着"一条街道俩岗楼、一把瓜子嗑到头"的民谣，"晴天一身土，雨天两脚泥"是过去鹤岗市容的真实写照；直到 20 世纪 80 年代，供热难、供水难、行路难、如厕难的问题仍然困扰着人民群众。改革开放给鹤岗带来了勃勃生机。1996 年，鹤岗以"518"工程为载体，在黑龙江省率先掀起了第一次城乡建设高潮，市委、市政府每年都为全市老百姓办成 10 件城市建设大事，撬动了当时沉睡的鹤岗经济；2008 年，鹤岗市又开始了第二轮城乡建设高潮，每年都办成城市建设 30 件大事，大大提升了城市化进程；近几年，鹤岗根据发展形势的变化和需要，开始了城市建设工程式推进、城市发展组团式实施、城市管理科学化的历程，全力推进了"南兴、北开、东治、西拓、中升"城市建设五大战略，系统实施了老城建设改造、"四供"能力提升、交通物流畅通、新城新区建设、服务设施完善、生态环境治理、乡村环境改造、旅游综合开发、农田水利设施、园区基础设施等"十大城建工程"，打破了60多年的城市旧格局，拉开了城市骨架，提升了城市功能和承载力，鹤岗正向着现代化城市的目标快步迈进。

24个"中心"提升城市功能

进入新世纪后，鹤岗还没有一座具有时代内涵和现代意义的地标性建筑。2005年，时任市长朱清文根据《行政许可法》开始实施、创建优良发展环境、方便百姓办事的需要，做出了建设人民办事中心的决策，同年8月29日，中心正式投入运行。从2010年以来，时任市长张雨浦为提升鹤岗的城市现代化水平，让全市人民尽享现代文明和发展成果，先后筹资7亿多元，建成了黑龙江煤电化高层人才培训中心、鹤岗检测中心、资源公开交易中心、应急指挥中心、老干部活动中心、全民健身中心、鹤岗区域医疗中心、青少年科技活动中心等24个"中心"。其中，黑龙江煤电化高层人才培训中心，辐射黑龙江东部六城市，是培训煤电化专业中高层管理和技术人才的摇篮；鹤岗检测中心集全国第二家、黑龙江省唯一一家煤（焦）炭检测重点实验室，东北三省唯一一家轻集料及制品质量检验检测与研究中心，黑龙江省东部唯一一家建筑能效测评中心于一体；人民办事中心、公共资源交易中心，既是为市民和企业提供优质、高效、便捷服务的"政务超市"，又是政府整合社会资源、提高办事效率、强化效能建设的成功典范。24

个中心的建成，成为新鹤岗的 24 个新地标，向世人诉说着这座城市的现代与美丽。

八大广场公园为市民提供休闲健身好去处

直到 21 世纪初，鹤岗市区内只有煤海、五指山、天水湖、中心站一南一中两北四个小公园、小广场。自 2008 年第二轮城乡建设大高潮以来，鹤岗在先后两任市长朱清文、张雨浦的带领下，建设了翔鹤园广场、人民广场、振兴广场、新世纪广场、文化广场、昌盛广场、时代广场、站前广场等休闲广场，成为市民休闲娱乐的好去处。其中，占地面积 20000 平方米的翔鹤园，位于城市主要出入口，大型主雕"翔鹤"上有 10 只仙鹤飞翔，下有高岗矗立，是鹤岗的城标；占地 128000 平方米的人民广场依山傍水，风景迷人，是全市最大的户外休闲健身场所；占地 30000 平方米的振兴广场集石山、雕塑、音乐喷泉、水幕电影等各类景观为一体，每晚游人如织。

"五湖一河"水景观成为城市亮丽名片

鹤岗的水资源十分丰富，天上的水、过境的水、地下的水取之不竭，但工程性缺水一直是这座城市的瓶颈。2008 年以来，鹤岗市开始高度重视水资源的开发利用，时任市长张雨浦提出打造"五湖一河"水资源开发利用战略，相继建成了一系列水工程、水景观。其中，投资 1.5 亿元改造的国家级水利风景区清源湖，是集楼台亭榭、山水树木于一体的城市花园，10 万平方米的荷塘大小相连、错落有致，张雨浦亲自题写了《鹤水赋》；鹤立湖规划总面积 130 万平方米，核心区面积 40 万平方米，25 公里长的环湖路如一道金环镶嵌在湖畔，青山环抱，山水辉映，引人入胜；总面积 26 万平方米的天水湖，设 "三门四岛、三台五亭、三瀑一湖、一路十桥、一楼一阁及巨石、旱喷" 等景点，体现了自然山水与现代园林、人文景观的交汇交融，张雨浦亲自撰写了 "大官小吏，全凭良心，当为百姓办实事；上朝下野，皆存风骨，应思千秋留清名" 等对联，并为 "十桥" 命名了各具特色的名称；松鹤西湖以真山真水、四季宜游而成为城区中的自然生态度假区。在总面积 480 万平方米的阿凌达湖景区内，经中国广播电视协会电视制片委员会批准，阿隆达影视基地落户于此，成为东北三省及内蒙古自治区唯一的影视指定拍摄景地。全面改造小鹤立河，重点整治城市南大门周边沉积 30 余年的煤泥沟，使脏乱差的城市出口变身为林木掩映、碧水摇荷的迎宾大道景观带。2013年 8 月，鹤岗被国家水利部确定为全国首批 45 家水生态文明城市建设试点之一。

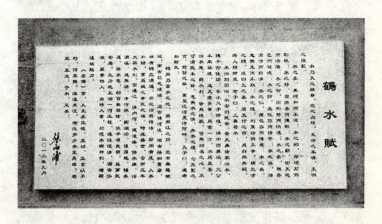

2012 年 9 月，时任市长张雨浦为清源湖撰写《鹤水赋》

"四位一体"交通网络正在构建

鹤岗地处边疆，打开对外交往的大通道是历届市委、市政府的重任，但直到 2010 年前后，鹤岗才在地理上走出狭隘的视野。到目前，鹤岗累计维修改造了 300 多条城市主次干道和街巷道路，修建了团结桥、奋斗桥、支农桥、育民过街天桥等 10 余座城市桥梁，形成了以 Y 字形为主骨架，五纵三横的城市交通干线。累计完成投资 50 多亿元，先后建设了鹤佳、鹤伊、鹤名高速和高等级公路；投资 9.4 亿元，建成了全长 3457 米的省内单孔跨径最大、桥体最长的松花江第一桥——富绥大桥；4C 级支线机场和黑龙江冬季浮箱固冰通道建设正在加速推进，公路、铁路、水运、空运"四位一体"的交通网络正在形成，鹤岗与外界的联系从未像今天这样便捷。

"四供两治"改善人居环境

在承继第一轮城市大开发大建设成果的基础上，鹤岗市以力度不减、势头不减的态度和决心，持续推进"四供两治"建设，昔日矿山城市的承载功能大幅提升，城市形象大为改观，人居环境迅速提升。新建城市三期供热工程，增加供热面积 460 万平方米，集中供热普及率大幅提升。新建扩建 5 座变电所，构建强大电网，率先在黑龙江省消灭了无电户。实施城市水源地和供水系统改造，建设农场饮水安全工程 282 处，解决了 16.4 万人的饮水安全问题，农村自来水普及率达到 76%，城市日供水能力达到 12 万吨，在黑龙江省第二家实现水务一体化。新建征楠等四个燃气生产及管网项目，年供燃气 10 亿立方米，使 5 万城市用户用上清洁能源。建设东、西部两座污水处理厂，出境水质列全省三甲。城市垃圾处理厂日处理垃圾 1000 吨，填补了城市无垃圾处理的空白。新建、改造鹤兴、金顶山等 12 座水库，建设江萝、德龙、福兴、敖来、新华等灌区，调蓄防洪能力和农业灌溉保证率全面提升。

3　民生普惠

政府是人民的政府，鹤岗历届市委、市政府都高度重视民生福祉。2001 年开始，鹤岗市每年都实施城建 10 件大事、民生 10 件实事的"双十举措"。2004 年开始，每年都为人民群众办成"30 件大事 30 件实事"。进入 2008 年以后，市政府更是把大事实事上升到工程式推进的高度，以改善民生福祉为坐标原点，坚持财政资金向民生倾斜、向基层倾斜、向困难群体倾斜，持续实施人民群众安居工程、就业创业增收工程、社会保障扩升工程、特殊群体救助工程、教育优先发展工程、医疗卫生服务工程、文化体育繁荣工程、城乡一体发展工程、生态文明建设工程、和谐城市建设工程等"十大民生工程"和"百件实事"，全力解决人民群众最关心、最直接、最现实的问题，确保改革发展成果与人民共享。

建设 12 万套保障性住房

作为矿区，鹤岗累计为国家生产煤炭 8 亿吨，上缴税费超百亿元，但也留下沉陷区、棚户区等历史问题，特别是地下采空区面积达到 43.92 平方公里，地面沉陷区面积达到 61.63 平方公里，为采空区面积的 150%，最大沉陷深度 30 米，开裂宽度 6 米多，落差 5 米多，在世界煤炭开采史上尚属罕见，对沉陷区居民的生命财产构成了严重威胁，对住宅、学校、医院、行政事业单位、商服网点、企业及一些公用设施造成极大危害。为了治理沉陷区，时任市长付会廷经过积极争取，在国家的支持下实施了总投资 3 亿元的沉陷区治理一期工程。此后，经过朱清文、张雨浦两任市长的艰苦努力，国家终于批复实施沉陷区治理二期工程。从 2004 年开始到现在，鹤岗沉陷区改造完成总投资 17.8 亿元，安置居民 2.3 万户，规模之大、投资之多居黑龙江省四煤城之首。

2005 年，为改善矿区人居环境，时任市长朱清文开始运作棚户区改造工程，历经两年多的艰苦努力，2007 年 10 月，国家正式批复棚户区改造工程。2008 年正式实施以来，在时任市长张雨浦的艰苦努力下，煤矿棚户区改造工程克服重重困难，累计完成投入 55 亿元，已竣工 4.12 万套，安置 3.7 万户居民。计划到"十二五"末，城市棚户区改造将完成 427 万平方米，惠及 6 万户居民。与此同时，农村泥草房改造投入 13 亿元，改造 1.7 万户，成为新农村建设又一亮点。累计投入 7 亿元，开工建设廉租房 2.5 万户、公租房 800 套，租金全省最低。林区 1500 户危旧房改造任务全部完成，圆了林业工人的安居梦。向上争取 2 亿多元资金，完成 367 万平方米既有建筑节能改造及立面美容工程，被国家建设部列为黑龙江省唯一的"既有节能改造示范市"。

设立 20 个民生专项基金

为建立民生型公共财政，确保民生事业步入机制化、规范化、科学化轨道，2007 年，在时任市长朱清文的倡议下，鹤岗市建立了总额 1000 万元的突发事件应急安置、新农村基础设施建设、特困户住房补贴、劳模解困救助、贫困学生助学、见义勇为奖励、优秀拔尖人才奖励、突出贡献企业家奖励、招商引资奖励等 10 个专项资金，初步构建了民生财政的框架。后经市长张雨浦的努力，市财政每年都投入 4500 万元，新增信访维稳、计划生育困难对象救助、安全生产奖励、文化发展专项等 10 个专项资金，从而使民生专项资金达到 20 个，保障民生的功能和覆盖面得到前所未有的提高。在此带动下，经过国家和黑龙江省的支持，企业养老保险、医疗保险、失业保险、工伤保险、生育保险覆盖面分别达到 98%、90%、96%、91%、84%，城市低保、补差标准分别居黑龙江省第 4 位、第 3 位，农村低保补差标准均居全省第 1 位，公共服务保障体系基本做到全覆盖。

实现城乡"九统一"

为打破城乡二元结构，特别是解决城乡福利待遇、公共服务不均衡的问题，鹤岗市于 2012 年开始启动城乡一体化进程。到目前，完成了《鹤岗市城乡一体化发展规划》，城乡户籍、低保标准等"九统一"基本完成，全市 87% 的农民已在教育、医疗等方面享受到了城乡普惠政策。推进了 12 个省市级试点镇、城关镇和中心镇建设，城镇化率达到 84%。推进了土地大流转，全市 1/3 的耕地实现了规模化经营，农业机械化率达到 96%。

特色教育全省领先

始终坚持教育优先和公平发展，新建 42 所城乡标准化学校，新改建 20 所公办幼儿园，鹤岗市第一中学被确定为全国百强中学、全省"首批普通高中多元化特色化省级试点学校"，鹤岗师范专科学校的煤矿开采、学前教育两个特色专业获得国家批准，学生一次就业率达到 87%，高于黑龙江省高职高专平均水平。

主要健康指标高于全国平均水平

以保障人的身心健康为目标，积极推进公共卫生服务、医疗服务、医疗保障、药品供应和中医中药服务六个体系建设，主要健康指标高于全国平均水平。筹资 4.17 亿元，建成 3 所三甲医院，224 个乡镇卫生院规范化率达 81%，社区卫生服务机构人口覆盖率达 96.37%；新型农村合作医疗覆盖率达 100%，农村居民参合率达 100%，位居黑龙江省前列。

4 开放发展

鹤岗一直是座具有高度开放性、包容性、融通性、和谐性的城市。鹤岗在近百年的发展历程中，迎来过早期的拓荒者、淘金者和闯关东的流民，迎来过全国第一支支边青年队伍，迎来过大规模的知青下乡、转业官兵、党政官员，改革开放后更是迎来了一批批招商引资创业者在这里落地生根，迎来了打开国门后与俄犹文化的碰撞。在这个过程中，鹤岗对这些外来文化兼收并蓄，使其与本土文化交织、融合、发展、壮大，成为一个南北文化碰撞、东西文明交融的移民城市、边境城市、板块经济城市。因此，融合是鹤岗历史人文精神的综合反映，是时代精神的准确写照，是这座城市固有的精神气度和民风积淀。

鹤岗的朋友遍天下

鹤岗与美国、日本、韩国等 27 个国家和地区开展了贸易往来，对爱尔兰、芬兰、挪威等国实现了经济贸易"零"的突破，与我国港澳台地区交流合作日益频繁，与国内外 17 个区市建立友好合作关系，实现优势互补、扩大交流合作、促进共同发展。香港特别行政区特首董建华于 2005 年 7 月、曾荫权于 2007 年 8 月、中国国民党荣誉主席连战于 2009 年 7 月曾先后到鹤岗考察。2010 年 3 月，鹤岗代表团访俄并与犹太自治州签署合作协议。2012 年 3 月，与香港特别行政区西贡区签订友好市区协议。

黑龙江省对俄合作典范

鹤岗的萝北口岸是距省城哈尔滨最近、通关手续最便捷的对俄口岸。自 1990 年口岸开通以来，双方合作交流不断加深，鹤岗先后创下黑龙江省在俄罗斯犹太自治州房地产开发、土地种植、过境养殖、林木采伐、矿产开发等七项第一。现与犹太自治州经济技术合作项目达 44 个，排名全省第一。鹤岗驻俄犹太自治州商务代表处是第一个中国地市级驻俄办事机构，成为中俄双边友好往来的重要窗口。总投资 2.4 亿元、年产 40 万吨锰矿平硐开采，是省内第一个赴俄矿产资源开发项目，矿产品全部运回国内加工，是全省"出口抓加工，进口抓落地"战略的示范性工程。投资 1.2 亿元，总长 1100 米，宽 9 米，建设中的浮箱固冰通道，配备破冰船、拖轮、发电设备等配套设施，是黑龙江上最长的对俄浮桥。双方高层互访不断，开展了"国家年""语言年""三国五方"青年圆桌会议、主题论坛等大型活动百余次，并在科、教、文、卫、体等多领域开展了经常性交流与合作，成为黑龙江省对俄合作的典范。

鹤岗驻俄办事处

积极融入区域合作体系

"6＋1"区域合作唱响了"同一个鹤岗"。鹤岗打破条块分割历史，与域内6大经济单元开展紧密合作，签署区域合作框架协议，制定高层协调、高效会商、利益共享等五大合作机制，共开展总投资1000亿元的合作项目88个。融入东北东部"12＋2"合作带，联手连心"抱团"发展。作为合作带的北端融结点，鹤岗与东北东部13个兄弟市（州）缔结成紧密相连的利益共同体，确定合作机制，制定合作优惠政策，实现资源共享、互利共赢。

参考文献

万福麟监修，张伯英总纂，崔重庆等整理《黑龙江志稿》，黑龙江人民出版社，1992。

鹤岗市地方志编纂委员会编著《鹤岗市志》，黑龙江人民出版社，1990。

绥滨县地方志编纂委员会编著《绥滨县志》，方志出版社，1996。

萝北县地方志编纂委员会编著《萝北县志》，中国人事出版社，1992。

鹤岗市档案局编著《光辉历程——鹤岗建市60周年纪念图志》，2005。

政协鹤岗市委员会编著《百年风云——鹤岗重大历史事件纪实》，中国文史出版社，2009。

政协鹤岗市委员会编著《可爱的鹤岗》，中国文史出版社，2005。

黑龙江省地方志编纂委员会编著《黑龙江省志·大事

记》，黑龙江人民出版社，1992。

鹤岗军分区军事志编纂委员会编著《鹤岗市军事志》，2009。

中共鹤岗市委宣传部编著《神奇鹤岗》，北方文学出版社，2010。

图书在版编目（CIP）数据

鹤岗史话/张雨浦主编.—北京：社会科学文献出版社，
2014.10
　（中国史话）
　ISBN 978 - 7 - 5097 - 6275 - 2

　Ⅰ.①鹤…　Ⅱ.①张…　Ⅲ.①鹤岗市 - 地方史
Ⅳ.①K293.53

中国版本图书馆 CIP 数据核字（2014）第 164039 号

"十二五"国家重点图书出版规划项目

中国史话·社会系列
鹤岗史话

主　　编/张雨浦

出 版 人/谢寿光
项目统筹/宋月华　谢　安
责任编辑/黄　丹

出　　版/社会科学文献出版社·人文分社（010）59367215
　　　　　地址：北京市北三环中路甲 29 号院华龙大厦　邮编：100029
　　　　　网址：www.ssap.com.cn
发　　行/定制出版中心（010）59366509　59366498
　　　　　市场营销中心（010）59367081　59367090
　　　　　读者服务中心（010）59367028
印　　装/北京鹏润伟业印刷有限公司

规　　格/开　本：889mm × 1194mm　1/32
　　　　　印　张：4.5　字　数：93 千字
版　　次/2014 年 10 月第 1 版　2014 年 10 月第 1 次印刷
书　　号/ISBN 978 - 7 - 5097 - 6275 - 2
定　　价/25.00 元